Stephen Turnbull

著者简介 斯蒂芬·特恩布尔
英国利兹大学名誉讲师、英国伦敦大学亚非学院研究助理、日本国际教养大学客座教授,中古欧洲和远东军事史专家。著有《武士传奇》《最后的武士》《文艺复兴时期的战争艺术》等。

译者简介 单婵
南京师范大学英语语言文学学士,华东师范大学英语笔译硕士。

后浪出版公司

PIRATE
海盗

单婵 译

［英］斯蒂芬·特恩布尔 著
Stephen Turnbull

广东旅游出版社
中国·广州

世界地图

组芬兰

纽约

查尔斯顿
拿騷
托尔图加
海地岛
牙买加
卡塔赫纳
巴拿马城

大西洋

太平洋

英
普利茅斯

俄罗斯

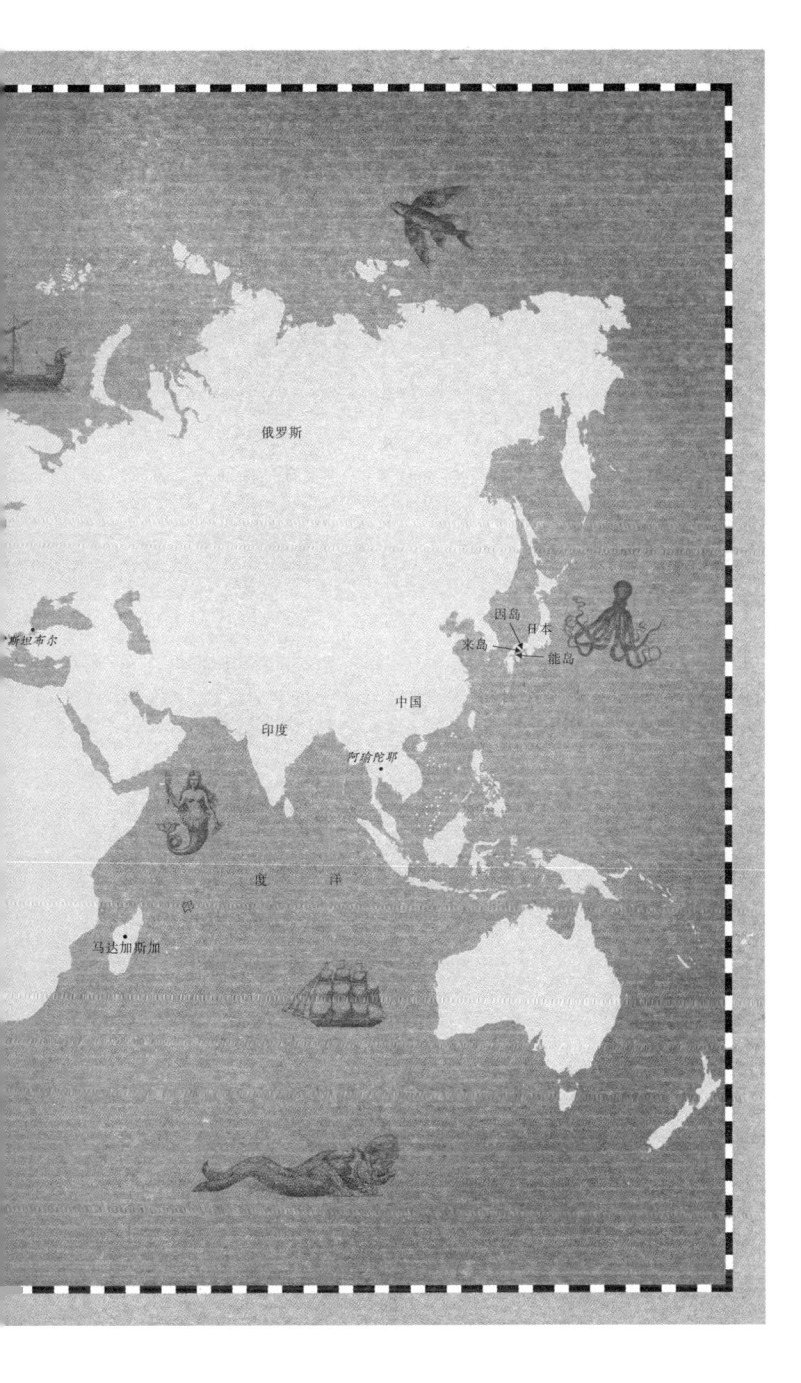

斯坦布尔

印度 中国
阿瑜陀耶

因岛 日本
米岛 能岛

印 度 洋

马达加斯加

目　录

前　言 / 1

1
海盗和你 / 3

2
海盗楷模 / 33

3
海上生活 / 57

4
海盗实践 / 87

5
海盗在行动 / 115

6
哈，陆地！海盗袭击 / 147

7
成功的海盗船长 / 163

8
海盗的晚年 / 183

结　语 / 200

编辑的话 / 203

时间轴 / 207

推荐阅读 / 213

出版后记 / 215

前　言

想成为一名海盗？一定要考虑清楚！

我这么说，你是不是非常惊讶？年轻的朋友，让我来自我介绍一下，然后你就会明白为什么我说一定要考虑清楚了。我不会自报家门，原因有二。其一，从西属美洲到柏柏里海岸，所有收税官和地方警卫都在通缉我。其二，如果告诉你我的真实身份，你可能会被吓得不敢读这本书……我们并不想这样，不是吗？

在翻开本书之前，你要考虑清楚，不同于其他书籍，本书将告诉你怎样成为一名海盗，如何活得长久富足，以及如何避免被吊死在船桅上。因为本书的作者也曾经像你一样意气风发，而现在……这样说吧，我也算是干过一番大事业！虽然丢了一只眼睛和一条腿，但聪明劲却没有丢，我学了点东西，现在想把它们传授给你。

但是，年轻的朋友，注意本书不仅仅是基于我个人的所见所为。我曾周游全球，见识过各种恶行，既和忠厚老实的水手碰过面，也同邪恶黑心的恶棍交过手，所以本书也是他们的智慧结晶。

你不仅会读到加勒比海盗的劫掠生活，还能够读到北美的海盗和私掠船长、柏柏里海岸的穆斯林舰队以及中国和日本的那些嗜血成性的水手的生活。这些人当中有些受过良好的教育，在日记中细致入微地记录了自己所经历的真实的海盗生活。我在本书中引用了他们发人深省的记述，因此在本书中你能找到关于成为海盗的必备条件的所有信息。他们中的每一位都能教授我们宝贵的经验。

我也曾和他们中最著名的海盗的直属部下谈过话。我父亲年轻时曾经在声名远扬的海盗巴塞洛缪·罗伯茨手下当海员。人称"黑巴特"的罗伯茨在半个世纪前丧命于炮火之中。这一下场非常悲惨，但至少他不用面对绞刑架。黑巴特的海盗生涯臭名昭著，死后被政府称作"最后的海盗"，政府向民众宣称海盗的时代已经过去了。他们真的退出历史舞台了吗？年轻的朋友，读读这本书，让人们自行决定海盗是否真的已经销声匿迹。

1793年国王乔治三世陛下统
治时期写成此书

注意： 上面的字母"X"是作者的标记，已由可靠证人认证。为防后患，证人均被枪决。

— 1 —
海盗和你

"海盗"是做什么的？不同人有不同理解。如果问大街上的路人，他们可能会回答，海盗是恶贯满盈的水手，他们袭击船只、掠夺城镇，毫无疑问，他们应该被吊死戮尸。的确，很多海盗短暂的生涯终于行刑者手下，但为什么还有这么多人愿意冒着生命危险从事这个行当，而不是成为一名光荣的水手，在海军服役，效忠于国王陛下呢？答案很简单——"就是因为钱，一大笔钱"。当海盗都是因为钱，而想要得到尽可能多的赃物，你必须成为海盗团伙中的成员，驾海盗船出海抢劫。你甚至还可以在某座海盗占领的岛屿上拥有一个自己的安乐窝。

答案很清楚。但真是这样吗？问题来了，很多通常被叫成海盗的人从来不会称呼自己为海盗。比如风趣幽默的老海员巴兹尔·林罗斯。他生于1653年，卒于1686年，曾作为随船外科医生跟从巴塞洛缪·夏普船长航行。夏普船长在日记中这样描述道，当他和其他船员被别人当成海盗时，简直气急败坏，尽管他们做的都是海盗常做的事情。他称自己为"私掠者"（buccaneer），并以这一头衔为荣。

"私掠者"一词来自法语"boucanier",最初指那些定居在加勒比的海地岛上以打野猪为生的猎人们。他们将野猪肉切成条状,在柴火上慢慢烟熏火烤,做成熏肉保存起来,以备粮食短缺之虞。猎人们将烤架称为"boucan",所以那些靠岸停船,为长途航行购买熏肉的海员称猎人们为"boucanier"(使用烤架的人)。岛上的生活十分艰苦,要想活下来,就必须身强体壮,英勇善战!不久以后,牙买加的英格兰殖民者就将猎人们招致麾下,让他们与西班牙军队作战,在这一过程中,"boucanier"被英语化成"buccaneer"。1655年,这些猎人雇佣军将最后一批西班牙军队逐出了牙买加,但他们并没有止步于此,他们意识到如果将牙买加作为大本营,掠夺来往的西班牙盖伦帆船,可以大赚一笔。于是,他们掠夺财宝,并将其上交给雇主,以此换取雇主支付的大笔酬劳。自此,被他们称为"私掠"的行动开始了。

袭击西班牙盖伦帆船掠夺财宝?这听起来很像海盗行径,是不是?但私掠者不认为自己是海盗,因为他们不是为私利而是为他人抢劫财宝,他们通常获得了官方批准,为政府开展掠夺行动。一般而言,政府会和他们签订书面合同,即"私掠许可证"。如果任何人胆敢将私掠者称作海盗,或是想要逮捕他们,他们都会出示"私掠许可证"。这种伎俩并不少见,几个世纪以来,有成百上千的水手钻了这个空子。因为官方授权他们用自己的船只袭击敌船,而他们自己的船只是私有财产,所以这一行为被称作"私

加勒比土著岛民所说的"buccan"或者"boucan",意指一种露天烤架,这是"私掠者"这一称号的由来。海地岛上的法国移民在这种烤架上熏肉,贩卖给过往船只。

掠"。早在1243年前,英格兰国王亨利三世就与亚当·罗伯诺特和威廉·勒索瓦日签订了合同,让他们"在海上和陆地同时侵扰敌人",即掠夺英吉利海峡的法国船只。私掠者只需要拿出一半赃物交给英王,就能获得这项自由。17世纪以后,打着统治者旗号的私人战争变得完全合法了,冒险家们得以大展身手。后来,私掠者不仅和君主签合同,还和商业公司签合同,这在北美东北部海岸的新英格兰殖民地尤其盛行。位于罗得岛普罗维登斯的"克拉克和夜莺"公司,专门从事贩卖奴隶和糖的业务,这家公司在1780年就资助过私掠者袭击英国船只。

既然私掠者也掠夺船只,那他们和海盗有什么区别呢?我想你能够猜出答案。私掠者宣称他们代表别人袭击、掠夺船只,而作为海盗，你会公开袒露，自己这样做只是为了一己之私。因此海盗被公认为罪犯。如果你被抓住，就要坐牢，甚至要上绞刑架。海盗生活并没有那么浪漫，对吧？

"那么我可以不做海盗，只做私掠者吗？"我听见你在提问。我必须向你坦承，其实两者的宿命并无太大不同。你的"私掠许可证"虽然白纸黑字地以官方名义授权你袭击敌国船只，但对于外国政府，你就是海盗，不容分辨。如果他们抓住你，

这幅插图选自约翰逊船长的《最臭名昭著的海盗的抢劫和谋杀通史》，它将海盗刻画为作恶多端的恶棍而不是品质高尚的私掠者。画面上面目骇人的女海盗挥舞着短刀，远处暗藏着昭示其未来的绞刑架。

后果就和你是一名没有后台的普通海盗一样。不同政府有各自的说法，但普遍的态度是："我的海盗是私掠者，你的私掠者是海盗！"著名的弗朗西斯·德雷克爵士是早期英格兰"海狗"私掠团队中的一员。1577年到1580年期间，他进行了著名的航行，成为第一位环游世界的英格兰船长（但不是全世界第一个，葡萄牙人费尔南多·麦哲伦比他要早）。这是一次充满变故的旅行，他一共有5艘船，4艘在暴风骤雨中损毁；他还处决了传言策划暴

动的副手，掠夺了多个西班牙港口，俘获了一只载满财宝、功能完备的西班牙船。伊丽莎白女王陛下为此喜出望外，他一归国就被封为骑士。但是，如果西班牙人抓住了他，他就会被当作海盗吊死。在英格兰，他是英雄；在西班牙，他是恶棍。令人啼笑皆非的是，女王陛下亲切地称德雷克为"她的海盗"。因此，或许"海盗"并不算一种辱骂。

画上这位英格兰绅士是弗朗西斯·德雷克，英国公众眼里的英雄。而在那些携带着财宝漂洋过海时被他打劫的西班牙船员眼里，他就没有这么高尚了。

如此双重标准的不仅是英国。大约与"私掠者"同时期，掠夺者（corsair）也频繁活动，比如勒内·迪盖-特鲁安。他以法国君主的名义掠夺英国船只。对于英国人来说，他是海盗，而对于法国人而言，他便成了英雄——瞧，又是这一套。顺便一提，"corsair"一词也可以指柏柏里海岸舰队的穆斯林船员以及马耳他的基督教骑士，他们有各自合法的掠夺对象（通常就是对方）并且称对方为海盗。

还有些人谁出钱就给谁卖命，如同海上的雇佣兵，这让事情变得更复杂。他们称自己为私掠者，但一点儿都不忠诚爱国。爱德华·考克希尔就是其中一员，他曾经将几年内服务过的不同雇主列成一份长长的名单："我曾经受雇于西班牙人攻打法国人，然后受雇于荷兰人攻打英国人……"不论是谁,只要他出价最高,考克希尔就乐意为其抢劫。事实上,他所服务的国家之多,以至于不论他自己怎样看待自己,世界上大多数国家都将他看成海盗。中世纪的海盗厄斯塔斯修士生活在12世纪约翰王统治时期,是最早在英吉利海峡从事私掠活动的海盗,他同样忠诚于己,离开了过去被他视为家园的法国修道院,寻求海盗生活。背井离乡之后,他受雇于英王,袭击法国船只。他的海盗事业干得风生水起,甚至有传言说他是一名魔法师,可以将船隐形。但是不久以后,厄斯塔斯由于对自己的能力过度自信,开始不加选择地掠夺各国船

描绘弗朗西斯·德雷克爵士在南美洲拉普拉塔河河口登陆的木版画。1578年,德雷克在他的环球航行初期,驾驶"金鹿"号抵达了拉普拉塔。他日后也死在了大海之上,于54岁时死于巴拿马海岸附近。

地中海上意大利桨帆船和柏柏里船队的战斗。双方都认为自己是正义的一方，称敌方为海盗。

只，因而成了所有人眼中的海盗。约翰王一度对厄斯塔斯感激不尽，但由于两人争端不断，双方矛盾进一步激化。在约翰王的继任者亨利三世向法国发起战争的时候，厄斯塔斯加入了袭击英国的法国舰队。战争中，英格兰水手登上了厄斯塔斯的座舰，将他逮捕并送上了断头台，作为他反复无常的报应。

海盗、私掠者、掠夺者……无论你最认可哪条标签，世上总有人将你视作恶棍，所以你还不如接受自己是海盗这个现实，直面自己荣耀或耻辱的前途，即你要么是被女王封为爵士，要么是被国王处以绞刑。

海盗活动简史

海盗活动很早就有，有本本分分、辛勤劳动的人，就有想要窃取他人劳动果实的人。大多数国家间的贸易都是通过海运的方式进行的，海盗们意识到大海如此广阔，被抓住的可能性不大——他们犯下罪行后可以一跑了之，找到一个安全避难所，享受自己辛苦抢来的果实。因此，海盗一直存在；在这颗广袤的星球上，海盗在每一片海域都留下过自己的足迹。

我曾经见过一只古希腊花瓶，花瓶上的图案十分精美，描绘了海盗袭击本分商船的场景，但是这场战斗看起来和你可能会经历的战斗非常不同。希腊海盗船只有一片帆，由船桨驱动，两侧船舷上面各画了一只眼睛（船身正面）。这种船被称作"桨帆船"；在适宜划桨的环境下，如地中海，今天你仍可以看到这种由划桨驱动的船。但是你不会看到现代桨帆船像古希腊海盗那样袭击猎物。他们在船头装备铁撞角，竭尽全力飞速划桨，冲击攻击目标。巨大的冲击力会把攻击对象撞出一个洞，使其动弹不得，甚

这只古希腊陶锅上画着平静的爱琴海上的航行者所青睐的桨帆船，爱琴海上的风力无法驱动船只向前。

至还可能导致其沉没。意料之中，爱好和平的地中海商人迅速进行了反击——腓尼基人自身就是出色的航海家，他们也建造了自己的带撞角桨帆战船，以此击沉海盗船。

古希腊神话故事中甚至也出现了海盗的身影。其中一则神话叙述了酒神和丰饶之神狄俄尼索斯被海盗抓获，但他并未在海盗手里待太久——他施展魔法，将自己变成凶猛的狮子，将海盗们统统变成海豚，以此来惩罚他们。这则故事或许是亚历山大大帝（前356—前323）为了将海盗从他控制的海域中驱逐出去而编造出来的。

这幅尼尼微城亚述宫殿墙上的浮雕描绘了辛那赫里布的桨帆船船队，这些船可能是由亚述人爱好航海的邻居腓尼基人建造的。

数百年间，类似的战役在古代中东地区海域上演。新亚述帝国的统治者辛那赫里布（前705—前682在位）在现在的波斯湾地区向抢劫其领地的海盗们发起了战争。几个世纪后，波斯王沙普尔二世（309—379）在同一地区遭遇了相同的问题，据说他将被捕海盗的肩膀刺穿，用绳子将他们绑在一起，作为囚犯关押起来，他也因这极度凶残的报复行为而闻名。

古罗马也同样深受海盗的侵扰。早在罗马发展初期，位于希腊基克拉泽斯群岛的重要港口提洛就已是繁盛的海盗大本营，非法商人在岛上公开贩卖奴隶和赃物。罗马人对此一直视而不见，直到公元前67年，海盗开始打劫罗马人进口的粮食时，他们才开始重视起来。关乎民生的进口谷物由航行缓慢的大型船只运送，非常容易成为计划周密的海盗们的猎物，因而海盗的掠夺很可能使罗马这座大都市出现饥荒。于是，伟大的庞培在海陆同时发起重大行动，成功歼灭了大多数掠夺者——但是庞培的儿子，赛克斯特斯·庞培（前67—前35），在他对抗屋大维的海战中受到了海盗的帮助。

地中海南侧北非海岸的穆斯林海盗略有不同。北非海岸又叫柏柏里海岸，这一名字来源于居住于此的柏柏尔人。凯末尔·赖

海盗黄金时代北非柏柏里海岸的地图。

斯是第一位柏柏里私掠者,他以土耳其帝国的名义开展海盗活动。土耳其帝国当时是横跨中东和北非地区的强国,首都在君士坦丁堡。在此期间,基督教势力和伊斯兰教势力交战正酣。柏柏里私掠者响应号召,守护穆斯林在西班牙的要塞格拉纳达,并数次成功袭击了基督教港口。这群私掠者在北非沿岸建立了根据地,如布日伊和杰尔巴岛。

和古希腊海盗一样,柏柏里私掠者也在桨帆船上装上撞锤,捉捕俘虏。有钱的囚犯交出赎金即可获释;贫穷的囚犯只好沦为奴隶,被迫为海盗船划桨。柏柏里私掠者的对手是马耳他的基督教骑士。这些骑士和之前的十字军一样,自视为神圣的战士;柏柏里私掠者也这么看待自己。这两派彼此激战长达数百年之久。

海盗以在公海偷袭船只而闻名,但在很多地方,他们会从岸边隐蔽处发动袭击。尽管将意大利从巴尔干半岛分隔开的亚得里亚海如今风平浪静,但在12世纪和13世纪,在克罗地亚的一座小港口奥米什躲藏着一帮凶狠残暴而势力逼人的海盗,即使是实力强大、戒备森严的杜布罗夫尼克城都得和他们讲和。杜布罗夫尼克城建在高耸峭壁之间狭窄的海湾中,因此海盗们偏爱用一种叫"sagittas"(意为箭)的流线型船只进行袭击,这种船可以迅速撤退或伺机而动。他们不加选择地袭击过往船只,掠夺来自威尼斯、科托尔、斯普利特的桨帆船,甚至是教宗的私人船只。但15世纪,威尼斯开始管制亚得里亚海,打击这种违法行为。

这一时期前后,远东的海盗团伙时常抢劫沿岸城镇,他们被

在这幅画中，中国士兵正和一群打劫的日本海盗战斗。在中国和朝鲜打劫的日本海盗团伙被称作"倭寇"，"倭"指的是日本，尽管"倭寇"团伙之中常常也有中国和朝鲜水手。

受害者称为"倭寇"。"倭"是古代中国人和朝鲜人对日本的称呼，这清楚地显示了受害者认为海盗来自日本，但是远东的海盗行为绝对不仅仅是日本的专长。16世纪中期，私人海盗团伙明显变得全球化：庞大的海盗组织里不仅有中国海盗和朝鲜海盗，甚至包括葡萄牙海盗。一些最具影响力的海盗头头是背叛的中国人，他们从日本的基地出发，打着倭寇的幌子好恐吓中国同胞，并将犯罪行为嫁祸给日本人。有很多关于倭寇袭击船只的故事，但大部

加勒比海私掠者的主要袭击对象是将黄金白银送至西班牙的宝藏船。这幅图选自《哈姆斯沃思世界史》，图上的私掠者正驾着小艇靠近巨型西班牙盖伦帆船船尾。

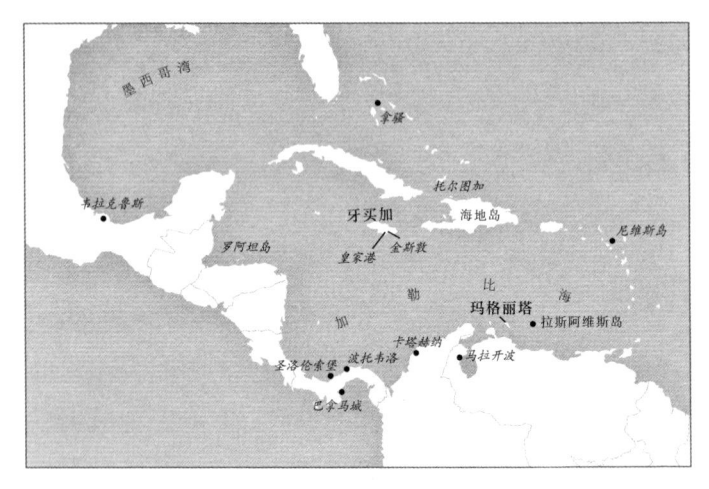

海盗黄金时代西属美洲的地图。对于实施抢劫的海盗而言，盛产黄金的西属美洲上的欧洲人定居点和海上贸易路线是一种极大的诱惑。并且海湾地区岛屿星罗棋布，海岸线上峭壁丛生，为海盗团伙提供了抢劫期间理想的藏身之所。

分时候倭寇是在岸上行动的，他们对中国和朝鲜的沿岸城镇进行大规模的袭击。参与此类行动的倭寇团体规模高达3000人。他们不仅捕捉奴隶，还袭击沿运河和海岸运载大米的船只。

日本国内也有许多海盗行为。分割日本本州岛、九州岛和四国岛的大片海域被称为濑户内海。濑户内海中无数小岛和水湾为日本武士海盗提供了安全的避难所。"海贼"是在濑户内海行动的日本本地武士海盗，他们主要通过敲诈勒索积累财富，他们要求过往船只支付保护费。这些海盗只袭击那些不愿支付保护费的愚蠢船只。对于海盗们来说，保护费构成了他们经济收入的大头。

沿岸居民每年向他们上交贡赋，他们害怕一旦拒绝海盗们的要求就会遭受灭顶之灾。海盗们的"海上收费站"非常高效，并且对所有人一视同仁。

最后，我想你一定听说过西属美洲，那里是海盗活动最为传奇的地点。在克里斯多夫·哥伦布1492年著名的美洲探险航行后，西班牙开始掠夺这块遍布金银的土地。驴车将银子拉往港口，来自远东的货物穿越太平洋，然后跨过大陆运往大西洋，装上前往西班牙的货船。英国私掠者也开始抢劫宝藏舰队，带来了一场浩劫，这种情况一直持续到约50年前[*]，经严厉打击才结束。西属美洲上最繁忙的地方当数哥伦比亚的卡塔赫纳以及巴拿马的波托韦洛。1668年，亨利·摩根船长以迅雷不及掩耳之势攻破了巴拿马城，他带着手下的一小支海盗军团花了14天的时间在这座城市烧杀抢掠。

亨利·摩根生活在"海盗黄金时期"，这一时期从1650年持续到1730年。你接下来将会读到的很多恶棍都活跃于这一盛世，而这一盛世在大约50年前西班牙帝国没落后也随之结束。那时，英国和法国接替西班牙控制了西属美洲，开始在当地海域打击海盗行为。两国政府都坚决搜捕分布于加勒比海各处的海盗，对所有被捕之人一律处以迅速而草率的判决，因此大部分海盗都迁往他处。

---

[*] 本书中提到的"若干年前"，均是以其前面提到的"成书时间"1793年计算的，例如此处说的"50年前"即指1743年。以下不再一一注明。

很多大名鼎鼎的海盗，如施特德·邦内特，往北来到新英格兰海岸，继续从事海盗行当，袭击繁荣兴盛的贸易港口。黑巴特则干脆放弃了新大陆转投非洲。但是海盗们就此没落了吗？没有！继续读下去！

今日海盗与其活动范围

现在你已经了解了一些海盗活动的历史，我们来具体看看在1793年的今天，哪些地方还有他们的活动身影。

英吉利海峡

海盗和残暴的法国私掠者仍然活跃于横断英法的英吉利海峡。英国水手将法国私掠者的大本营圣马洛岛称作"黄蜂巢"。布列塔尼海岸的这座戒备森严的城镇一度臭名昭著。1693年，英国人曾为了让这片海域更加安全而试图将其毁灭。他们派出一艘"纵火船"——一种被拉到港口而后将其点着的船。"纵火船"的发明者将其称作"邪恶机器"，他们使用最先进的技术，将笨重的船体变成一颗满载火药桶和点火装置的漂浮炸弹。甲板上放满废弃的大炮，船只爆炸后它们就会成为四散的弹片。不幸的是，英国人放出船后，船体撞上一块大石头出现裂缝，海水通过裂缝涌入船体，浸湿了火药。所以他们点燃导火线的时候，只出现了小规模的爆炸，唯一的受害者是一只猫。法国私掠者放声大笑，羞愧无比的英国人只得放弃进攻。圣马洛岛上的海盗事业代代相传，其利润之丰厚，甚至吸引了不少赞助商投资这种私掠活动。

马耳他

马耳他是西西里岛南岸附近的一座小岛，那里住着一大帮自以为是的私掠

新式点火技术将老旧船只改造成了战争中的爆炸性武器。

者。他们自称为"圣约翰骑士"，是在耶路撒冷设立医院的十字军的后继者。对于海盗而言，这是极高的称号。他们在前往马耳他之前有过一些定居点，比如希腊的罗得岛，但他们现在在马耳他安身，并称自己是在为基督教抵御伊斯兰教势力。他们仍然时常和柏柏里海盗发生冲突。作为战略要地，马耳他是个不错的选择。圣约翰骑士团将崎岖的岛屿改造成能停靠桨帆船的大型港口，西班牙舰队可以在当地进行休整。而今港口已成一景，从那里驶出的马耳他船只个个都无比巨大。它们不仅配备了船桨，还装有船帆。

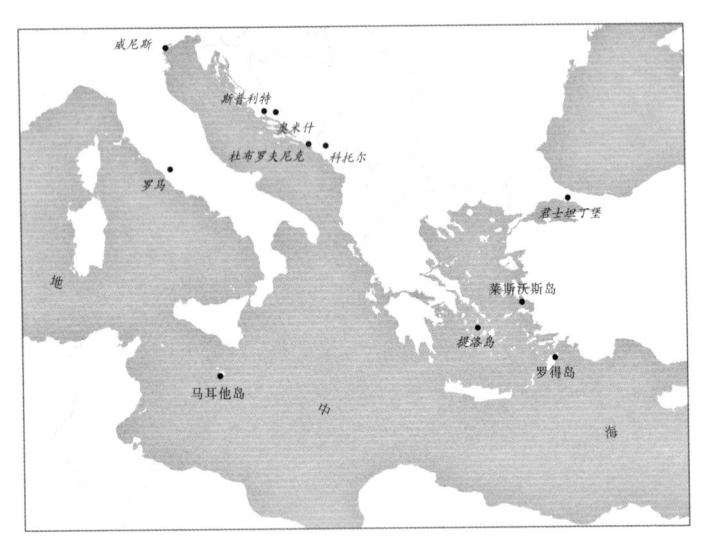

海盗黄金时代的地中海地图。

巴利阿里群岛

巴利阿里群岛中的主要岛屿有马略卡岛、梅诺卡岛、伊比沙岛。这些岛屿坐落在地中海西部，西班牙东面，柏柏里海岸北面。数百年间，海盗们纷纷慕名而来。阿鲁杰·巴巴罗萨是最具传奇色彩的柏柏里私掠者，他在1535年对梅诺卡岛发动了袭击；今天你所看到的马翁港四周的围墙就是当年岛民为抗击穆斯林的进攻所修筑的。从巴巴罗萨进攻后，私掠者就不断涌向梅诺卡岛。比如海梅·斯卡尼奇·吉韦尔瑙，在1778年放弃海盗生涯加入葡萄牙海军之前，他统领着一艘配备了24门大炮的私掠船。1784年，他加入了对阿尔及尔的私掠行动。与此相反，和他同时代的前私

梅诺卡岛的马翁港之战。1756年5月，一支黎塞留公爵旗下的法国特遣舰队袭击了梅诺卡岛的马翁港，这里是当年英国海军在地中海的重要据点。

掠者弗朗西斯科·卡塔拉·斯特奇留在梅诺卡岛上保护当地船只免受海盗袭击，而没有掠夺其他地方。如今这些海岛上仍有不少海盗活动。

北美

在这里的公民心中，海盗与私掠者截然不同。声名远扬的海盗如"黑胡子"在北美海岸附近活动，但是没有美国人会吹嘘

"黑胡子"的冒险经历——他是一名英国海盗，因此他是一名罪犯。但是，你会听到在最近的美国独立战争期间，英勇的美国私掠者是如何奋起反抗英国人的。就算是最坚定的君主主义者都必须承认，这些私掠者的壮举令人赞叹。起义者最初只有一支拥有34只舰艇的海军，他们召集了400个私掠者，这些人在争取独立的斗争中发挥了至关重要的作用——在独立战争期间，他们捕获了3000艘英国舰船，摧毁了英国贸易，为大陆军缴获了急需的步枪和火药。许多美国私掠者从费城或者巴尔的摩启航，前者是当时最大的殖民港口，后者是造船工人改造商船满足私掠者需要的处所。加入私掠团体的志愿者源源不断，人人都希望能分一杯羹。这些私掠者在"没有猎物就没有报酬"的规定下出海航行，唯一的收入来源就是战利品。一些私掠者得以衣锦还乡；最为成功的私掠船是一艘名叫"扬基"的双桅帆船，它从罗得岛的布里斯托尔出发，捕获了40艘船只，价值数百万。

印度洋

当西属美洲对于海盗而言变得过于危险，在那里时常会受到海军的追捕时，他们将目光投向了印度洋。那里的海域机会众多，只要海盗们潜心等待。东方的富裕穆斯林要经此前往麦加朝圣，英国和荷兰的东印度公司则要派遣商人前往远东做买卖。这些船绕过好望角后，必然要经过马达加斯加岛，这里曾是一座理想的海盗基地。东印度的商船装着丝绸、精美的瓷器和贵金属，正如同先前西属美洲的宝藏舰队一般。掠夺这些商船是历史上最为赚钱的活动。第一位在印度洋臭名远扬的海盗船长是亨利·艾弗里，他在1695年领导一支小规模的海盗舰队，捕获了属于印度莫卧儿帝国皇帝的"宝藏船"，这艘船名叫

大不列颠东印度公司的徽章。他们的船只对于海盗而言是充满诱惑的目标。

"甘吉沙瓦"（或被称为"冈斯威"）。艾弗里带领的团伙与对方进行了一场殊死搏斗，速战速决而满载而归。艾弗里的私掠行为惹怒了印度皇帝，海盗天堂马达加斯加不得不加强防卫。17世纪90年代，马达加斯加的圣玛丽的人口达到了1500人，成为海盗们重要的供给基地，声名远扬的基德船长也是这些海盗中的一员。

卡洪基·安格里亚曾是18世纪早期印度马拉地海军海员，后来成为其海军首领，他活跃于印度周边海域，与英国、荷兰和葡萄牙海军作战，被这些国家的水手称为"海盗"，而如今他在印度被视为民族英雄。马拉地帝国与莫卧儿帝国旗鼓相当；当马拉地政权衰弱之时，安格里亚获得了极大自主权，袭击了属于东印度公司的英国船只。1713年，他的上级派遣军队对其进行打击，制止他的独断专行，但是被他打败。通过谈判，安格里亚成为了

当地舰队的指挥官。尽管他与一些国家签订了条约，有些条约甚至是他自己首先提出的，但在整整25年间，他依然持续不断骚扰英国和葡萄牙的商船，最终几乎控制了整个印度西海岸。

远　东

远东那些在海洋和陆地上同样令人生畏的倭寇或海贼，如今大半被消灭了，但是仍有些海盗还在这一区域活动。

明代（16世纪），在中国或朝鲜，倭寇正驾驶划艇抢劫沿岸居民，他们使用着弓箭和武士刀。

我怎样成为一名海盗？

既然你都已经读到这里了，那你肯定已经决心成为一名海盗了。那么怎样才能成为一名海盗呢？选择权可能并不完全在你；对于很多人而言，沦落为海盗完全是绝望之举。在海盗黄金时代，25%到30%的海盗是从西班牙主人手下逃脱的非洲奴隶。还有一些要被运往新大陆卖为奴隶的可怜人，在其船只被海盗袭击后加入了海盗团伙。1721年时巴塞洛缪·罗伯茨手下有368名海盗，其中88名是黑人。以及萨姆·贝拉米和他的海盗同伙俘获"维达·加里"号后，被释放的25名奴隶加入了他的团伙。一度为奴的皮特·克罗斯在1679年被爱德华·戴维斯从其主人手里俘获后，开始了他的海盗生涯。克罗斯和戴维斯二人成了亲密伙伴，

1888年的一幅版画上描绘了在沉船之前神色悲戚的萨姆·贝拉米。

在加勒比海以及南美的太平洋沿岸航行，四处劫掠。

与此类似，1671年，因有着非洲和西班牙混合血统而绰号为"穆拉托人"的迭戈·格里洛从古巴哈瓦那逃到了海上，加入了亨利·摩根著名的袭击巴拿马行动。在那次行动中，迭戈·格里洛作为船长指挥着一艘装有10门大炮的战船。他和船员们袭击加勒比地区的西班牙船只，将战利品卖到臭名昭著的海盗窝——龟岛，以此谋生。他曾经击败了3艘抓捕他的船只，并且屠杀了船上所有西班牙裔船员。1673年，他最终落网，被施以绞刑——他的下场别具一格，因为通常黑人海盗被捕后，当局会以区别于白人海盗处置方式的方法（无一例外均为绞刑）对待他们，即将其

皮特·莫纳米18世纪的画作具体描绘了布里斯托尔码头的情景。码头上许多喝醉的流浪汉从街上被拉走，强制为皇家海军服役。相反，很多海盗都是自愿参加的。

最勇敢的海盗船长往往最为残暴,只要环境需要,他们可以极度残酷暴虐。这幅图上亨利·摩根显然正在折磨囚犯,他们是被捕船只上的水手。他们或许是在被逼问宝藏的所在地?

送还给他们的主人,或者卖给其他人当奴隶。但是,在海盗船上,没有人会注意一个人的出身或肤色,他们都是海盗团体的一员。

贫穷和失业也可能使人绝望,推动人成为海盗。国家发生战乱时,会紧急招募许多人到海军服役,而一旦战乱结束,这些人(至少是活着的那部分)就只能自谋生路或者饿死街头,那些只会航海的人别无选择,只能加入海盗团体。英国在西班牙王位继承战争(1701年到1715年)期间招募了5.3万名服役人员参战,战争结束后,英国皇家海军遣散了其中4万人,海盗活动因此急剧增加。讽刺的是,很多人一开始都是被强迫在海军服役的。强制征兵是一种官方行为,毫不夸张地说,政府会将港口大街上醉酒的人拖走,逼迫他们当海军。

海盗们不用强制征兵;我们仅向被掳船员使用"劝说之术",说服他们加入我们团队。那些没有被说服的人往往会孤立无援。海盗乔治·丘萨克(George Cusack)手下的4名年轻海盗曾经在被房获的商船上工作,有的是船上侍者,有的是其他船员如木匠或者音乐师的学徒。放弃了商船上的生活后,他们由于年纪轻轻、易受影响,加之和成年海盗一同生活,比起那些强迫服役的人更容易适应无拘无束的海盗生活。他们甚至在不久之后就接受了海盗的价值观,学会了航海技术,干起了掠夺行当。

所以如果你在商船上做水手,但是私底下又非常想做海盗,那你可能会很庆幸被一伙卑鄙的海盗俘房。年轻的约翰·金乘坐"博内塔"号远航时只有9岁,他在"博内塔"号被黑萨姆·贝拉米的海盗团伙房获后要求入伙,这使所有人大惊失色,尤其是他的母亲。根据"博内塔"号船主的官方证词,约翰·金入伙海盗军团的意志坚定,宣称如果他们不让自己加入海盗就跳下甲板。约翰·金的母亲试图阻止他,却受到了他的暴力威胁。他最终如愿以偿成为一名海盗,但不幸的是,贝拉米的"维达"号失事,除两名船员外,所有船员(包括约翰·金)全部遇难,约翰·金的海盗生涯因此只持续了短短3个月。

或许你的血液中就流淌着海盗的特质;海盗船长常常捎上自己的儿子一同打劫,手把手教他们这一行当。法国海盗让·巴尔在和荷兰舰艇的一次战斗中，发现他的儿子听见炮火声响时畏畏缩缩。于是，他将儿子系在桅杆上，让他好好习惯"这种音乐"（巴尔的原话）。未成年人一般不允许成为海盗，但这是一个特例；黑巴特的海盗守则清楚地阐明"严禁妇女或者未成年男孩上船"，特别指出了关于儿童的问题（妇女也一样，但这并未成功阻止那些深受鼓动的妇女追求海盗生活）。

不愿成为海盗那就另谋他就

你是否极度失望？是否一心想要追求海上生涯，却无法直面被处绞刑的命运？你还有其他的选择。想过成为一名舵手吗？他们驾着船驶出港口驶向公海。这份职业或许没有那么激动人心，但是只要你含糊其词，依然可以对外宣称是一名海盗。此外，如果你一心想要出海，为什么不在商船上做一名船员呢？要想目睹海盗在战场上的实况，这是个绝佳的方法。不幸的是，你可能会成为战斗的目标，但如果你能存活下来，将是一段激动人心的经历。或许你也可以加入皇家海军，尽管国王陛下军舰上的条件恶劣，海员们往往更加期盼过上海盗的生活。

如果你期望游离于法律之外，但又不肯舍弃家庭的温暖，走私是除海盗之外另一个颇具诱惑的选择。

你会将停靠在岸边的船上的走私货物运往海岸上隐蔽的藏身之所。这份工作报酬不菲，而你又能够遇见货真价实的海盗。你甚至可以略施小计使走私船在海岸上失事。选个漆黑的暴风雨夜晚行动。在礁石边上放一盏灯笼欺骗船长，让他以为自己正驶向一个安全港口。等船撞上礁石开始沉没之时，货物就全部归你所有，然后你就可以回家舒舒服服地躺在自己暖烘烘的床上了。

在我的乐土上，走私一度非常容易；大多数走私分子是渔民，他们家徒四壁交不起罚款，税务员因此很少干预他们走私。同时，大多数走私分子年事已高，皇家海军也无法强制其入伍。但是1736年，议会颁布了《走私者法案》改变了一切。现在，走私分子都会受到逮捕和惩罚，如果税务员被他们打伤，法庭有权判处走私分子死刑。甚至那些没有使用武器的走私分子也会被送往穷乡僻壤，接受繁重的劳改，鞭刑，或者——最可怕的——被迫加入皇家海军。还是当一名海盗算了……

两个面色凝重的走私分子等待着装载非法货物的船只。他们看起来筋疲力尽、无精打采,丝毫没有海盗生活所带来的激情。

— 2 —
海盗楷模

海盗团体的成分复杂，来自世界各地的男男女女受到机遇的吸引，欺骗或恐吓诚实的水手，夺取他们的财富，以此谋生，通过研究海盗生涯，你将会受益匪浅。你想要以哪位船长为榜样呢？是聪明狡猾的黑胡子还是冷酷暴虐的威廉·基德？前者精心散布谣言宣传自己的恶行，令猎物闻风丧胆；而后者野蛮残暴、冷酷无情，远比谣言可怕。你是会像英勇的——有人说愚蠢的——保罗·琼斯那样义无反顾地冲锋陷阵，还是像狡诈圆滑的蕾切尔·沃尔那样，玩弄毫无疑心的受害者？

一些臭名昭著的掠夺者，人们见了就称其为海盗；但对于其他人而言，"海盗"这一头衔有些敏感。你会被受害者称作恶棍，但会被家乡人民誉为英雄。哪一种更符合你的想象——是臭名远扬令人畏惧，还是荣归故土受人崇敬？

仔细阅读这些海盗的人生经历，自己决定是否想要效仿。

巴巴罗萨兄弟
（活跃于1512年到1546年前后）

巴巴罗萨兄弟或许是最有名的柏柏里海盗，他们来自希腊莱斯沃斯岛，以突尼斯的拉格洛勒塔作为抢劫行动大本营。哥哥阿鲁杰1470年出生，因其红色的胡子被人称为"巴巴罗萨"（意为红胡子）。1512年，阿鲁杰手下已经坐拥12只桨帆船和1000名武装士兵，以勇敢胆大的抢掠行为而声名鹊起。他在袭击西班牙驻防的战斗中失去了一条手臂，6年后的1518年，阿鲁杰战死沙场。他的弟弟海雷丁将自己的胡须用指甲花染红，以此祭奠死去的兄长。他接过了兄长的海盗衣钵，占领了多个突尼斯港口，并将其改造成海盗窝点，靠着从海上抢劫的赃物过活。1529年，他占领了阿尔及尔的西班牙堡垒，将该地区西班牙驻军所遗之物占为己有。1534年，他终于推翻了突尼斯统治者穆勒·哈桑的统治，确立

17世纪关于巴巴罗萨兄弟的荷兰版画。阿鲁杰战死之后，他的弟弟继承了他的衣钵，使北非海岸人心惶惶，最终控制了摩洛哥至杰尔巴岛间的领土。

了摩洛哥至杰尔巴岛（突尼斯海岸附近北非最大的岛屿）海岸区域的统治地位。他的余生都用来打击各路基督教敌对势力，其中包括罗马教宗组建的为了摧毁他的神圣同盟舰队。1546年，他因高烧去世。尽管阿鲁杰在世时驰名海外，但海雷丁才是真正让"巴巴罗萨"这个名字被人铭记的人，他和哥哥共有的不屈不挠的精神和他自己独有的沉稳持重的性格使其海盗生涯繁荣而长久。

村上武吉
（1533年到1604年）

日本濑户内海海贼或者说"海盗王"中最有名的姓氏是村上。村上家族的三大分支分别割据在三个岛屿——能岛、来岛和因岛，它们坐落在日本濑户内海星罗棋布的3000座岛屿之间。能岛鸟瞰日本濑户内海最繁忙、最狭窄的海

村上吉充是海贼头领，是日本内海村上家族因岛分支的一员，村上家族惯于在繁忙的海域上向过往船只征收过路费。与倭寇不同，海贼往往以日本同胞为猎物。

峡，岛上矗立着一座城堡，村上武吉戴着饰有他个人纹章的头盔，在城堡中发号施令。村上家族设立收费站，征收保护费；他们还自制村上家徽旗，过往商船也可以提前购买旗帜，安全通过收费站。商船可以通过这种方法在村上家管辖的海域内畅通无阻，无须缴纳其他通行费，也不必担心海盗侵扰。如果商船不交过路费，就会受到村上海盗的侵袭，海盗们会驾船靠近商船，向他们射箭和投掷爆炸物。村上家族成员在战前会例行举办告别宴会，标志性菜品八爪章鱼会出现在宴会上，章鱼的八只爪象征着保护家族成员免受来自四面八方敌人的袭击。

郑成功
（1624年到1662年）

你或许对"国姓爷"这个称呼更加耳熟。郑成功的父亲是个以日本平户岛为基地的中国商人（以及海盗），他的母亲则是日本人。郑成功7岁时同父母一同来到中国。他通过了明王朝用以选拔官员的科举考试。当明朝政权受到北方满族的威胁时，郑成功依然忠心耿耿。他先是作为将军在陆地上作战，之后被迫撤退到中国南部海域避难，袭击清朝的船只。要承受郑成功怒火的不仅是清朝，还有占领台湾的荷兰殖民者。他组织了对荷兰殖民者的大规模进攻，此举被欧洲人视为海盗入侵。

郑成功是中日混血。他曾一度担任明朝陆军将军，之后主要在海上活动。他对荷兰堡垒热兰遮的袭击标志着欧洲殖民在台湾的终结。

对荷兰东印度公司在台湾的重要据点热兰遮堡垒的围攻，是这场战争的高潮；1662年2月1日，敌军投降，郑成功大获全胜，结束了荷兰在台湾的统治。郑成功随后将台湾作为袭击清朝舰船的大本营。很多人将他对菲律宾的袭击视为海盗活动，但他是在计划着一场大规模进攻，甚至很可能要把西班牙人完全逐出菲律宾。但他最终于37岁时急病去世，这个计划也随之告终。

斯捷潘·拉辛（1630年到1671年）

俄罗斯哥萨克部落早先在顿河捕鱼，在广袤的草原打猎、牧

斯捷潘·拉辛是个海盗，他有机会的时候也会表现得像个私掠者，他在俄国的盟友和敌人之间同样树敌无数。他在经受了一系列残酷的刑罚后，于1671年6月6日在莫斯科红场被处死。这尊木制半身像是比阿特丽斯·桑多米尔斯基的作品。

羊、牧牛、牧马，但当自然资源匮乏之时，一些部落居民陷入贫困，只得从事海盗行业维持生计。这就是斯捷潘·拉辛在1667年4月成为里海海盗的原因。他多次大举袭击俄国沙皇的贸易船只，抢劫了船上丰厚的货物，释放了被捕囚犯，因此声名鹊起。他的舰队航行经过察里津的大堡垒时，守卫甚至不敢对他开火。7月，他来到了里海岸边一座有围墙保护的城镇，这座城镇当时属于波斯帝国。拉辛和40名海盗同伙装扮成想去教堂祈祷的朝圣者，瞒过了守卫偷偷潜入城内。驻守部队司令和170名士兵拒绝加入拉辛的海盗团体，当场被杀害，让这次原应兵不血刃的行动变得血腥起来。海盗在那里度过了一整个冬天，粮食和水源日益紧缺。波斯人经过屡次三番的攻击，最终占领了这座城镇。拉辛逃亡之后不久又发动了一次袭击，捕获了两艘波斯宝藏船。拉辛遭到了俄国海军的追捕，但为了避免交战，他接受了对方的条件：只要他愿意老实回到顿河，就可以获得赦免。跟随他的哥萨克人害怕当局报复，便抓捕了拉辛，将他交给政府接受惩罚。拉辛被送往莫斯科，受到了鞭打和火烙，经历了无比残忍、不同寻常的重刑——他的头被剃光，冰冷刺骨的水滴不停地滴在头上。1671年6月6日，斯捷潘·拉辛在红场上被分尸。

亨利·摩根
（1635年到1688年）

威尔士私掠者亨利·摩根在海盗黄金时代称霸西属美洲，洗劫西班牙在巴拿马的领地是他最有名的海盗活动。当西班牙反击时，亨利·摩根让神父、女人和市长排成了一堵人墙。而这不过是他手上多起残暴的陆地劫掠活动之一。消息传到欧洲时，西班

亨利·摩根爵士的画像，选自《美洲私掠者》，一本记录17世纪的中美洲海盗活动的编年史，作者是法国人（或者是荷兰人）亚历山大·艾斯克默林，该书1678年首先在荷兰出版。摩根是一名颇受争议的人物，在英格兰，因为受害者是西班牙人，人们对他的罪行视而不见。而在西班牙，他遭人唾弃，被人视为犯下滔天暴行的海盗。

牙政府怒不可遏，因为当时西班牙和英格兰已经签署了和平停战协定。1672年4月，亨利·摩根被英格兰政府传召，虽然名义上他遭受了两年软禁，但实际上他来去自如——他因为袭击了西班牙，在英格兰备受拥护。政府甚至向他请教如何加固牙买加的防御措施。毫不意外，他最终无罪释放，不仅没有被绞死，还被封为骑士，作为副总督荣归牙买加。很多人认为摩根是大不列颠最出色的勇士，杰出的军事战略家，卓越的私掠领袖。西班牙人却认为他蹂躏西班牙人民，犯下了滔天罪行。1688年，他在牙买加去世后，被授予国葬，他的海盗同伴获得了特赦，得以前往他的葬礼表达最后的敬意。

威廉·基德
（1645年到1701年）

威廉·基德是苏格兰人，他受纽约总督的雇佣开展私掠活动，目标是法国船只，以及当时鼎鼎有名的海盗，如托马斯·图。他的赞助人十分支持他的行动，甚至给他购置了一条船——"冒险"号，并将船上所需物品置办齐备。但是基德并不感恩，很快就将船只占为己有。1696年，他航行穿过大西洋来到非洲西岸，在那里袭击了一艘东印度公司的商船、几艘葡萄牙舰艇甚至还有一艘英国船只。显然，他不再追捕海盗，而是自己成了海盗。他以不分敌我的残暴态度而臭名昭著,他不仅折磨囚犯,而且还杀害了自己的一名船员。他把一只铁桶砸在船员头上,砸碎了人家的头盖骨。基德显然并无懊悔之意,甚至吹嘘自己在英格兰的好朋友会确保他不因为此举受到惩罚。1698 年,基德来到马达加斯加,平息了船上的一次叛乱,东印度公司听闻他的所作所为,不无道理地宣称其为海盗。基德船长纵火烧船然后逃跑。随后,他来到美洲希望躲避追捕,试图同波士顿总督达成协议,却被其逮捕。基德被送回英格兰。他回去以后,检举揭发了那些一开始就赞助他的人,拼死顽抗。然而反抗彻底失败,他被判处谋杀罪和海盗罪,并于 1701 年 5 月 23 日在伦敦"行刑码头"接受绞刑。

基德船长在自己劫数难逃的最后旅途前,将《圣经》埋在英吉利海峡的普利茅斯湾。19 世纪的历史学家认为此举决定了他的命运。

第一次行刑时，绞绳断裂，但执行官手下将其重新拉回绞刑架前，终于在第二次成功处死了基德。基德在河岸上被绞杀，满身焦油，身子被链条缚住，关在被称为"绞刑架"的铁笼子里。将近20年，他的尸首一直被放置在绞刑架上，以此警示想要成为海盗的人。

基德船长是为数不多的对外透露自己将宝藏埋在地下的船长。我们之所以知道，是因为大多数宝藏已经找到——因此，我不推荐这种做法！

勒内·迪盖-特鲁安
（1673年到1736年）

著名的法国海盗勒内·迪盖-特鲁安，在孩提时代梦想成为一名神父，但16岁时他放弃了这一神圣的理想而投身法国海军。服役的头三个月，他就登上了一艘英国船，忍受了暴风骤雨的折磨，还险些在船上一次火灾中丧命。比起修道院的生活，船上的经历显然更加惊心动魄！他显然给长官留下了好印象，年仅18岁就被提拔为全权负责一艘配备了14门大炮的私掠船的长官。他在海军服役期间捕获了超过5艘英国船只，最终在1694年被英国政府逮捕，关入了普利茅斯监狱。但他却神不知鬼不觉地逃出了监

19世纪一幅有关圣马洛岛（英国人将此地叫"黄蜂巢"）的版画。1693年英国人对此地发动了一次失败的纵火船袭击，一年之后，迪盖-特鲁安从英国人手中逃脱。

狱，重返圣马洛岛，英吉利海峡（或者用法国人的叫法"拉芒什海峡"）法国一侧的海盗大本营。1696年，他因为和他的新船员捕获了数艘荷兰船只，当上了法国海军中校。1711年，他航行至更远的地方，占领了里约热内卢；这实在是一次壮举，他只有12艘船和6000名船员，要对抗两倍兵力的敌军把守的5个堡垒。尽管战役持续了11天，但战果丰硕，他的投资人都获得了双倍收益。尽管抢劫为他带来了巨额财富，因其生活过于浮夸奢靡，财富顷刻被挥霍一空。1736年，迪盖-特鲁安在弥留之际，写信给国王请求其救济自己家人。

黑胡子
（约1680年到1718年）

爱德华·蒂奇一定是历史上最著名的海盗，但是我对此一直很奇怪。他的海盗生涯只持续了两年，而且极少冒险，只喜欢袭击那些武装较少的船只。从今日观之，你或许会认为这是明智之举，这种看法倒也不无道理。但奇怪的是，尽管他的机灵狡猾令人称赞，残酷暴虐却是真正令他臭名昭著的原因。他所到之处都会留下这样的名声，而传闻使得黑胡子这一形象更加深入人心。传说他体格魁梧，装扮怪异，看起来令人害怕——他将缎带缠在长发之间，腰上总是配着两把剑，耳后别着两根冒烟的火绳。当然那一丛乌黑浓密的大胡子是他最大的特征，也是他外号的由来。黑胡子威胁着北美卡罗来纳的海岸地区，他常常伏击过往商船和客船。他奸诈狡猾，甚至还上岸劫掠；他带着300名海盗，封锁了查尔斯顿港，捕捕了大量人质，并威胁如果不提供补给，就将人质杀掉。尽管他们固守查尔斯顿，索要赎金，但是一连几周都没有得到补给，而黑胡子也没有杀害人质。

这导致邻近的弗吉尼亚总督亚历山大·斯波茨伍德也出手对付他。由于黑胡子活动的海域水浅，总督买下两艘小型船只，由海军上尉罗伯特·梅纳德指挥，用于对黑胡子实施捉捕。总督向梅纳德许诺，只要他带回黑胡子，无论是死是活，都能够得到一笔丰厚奖金。当梅纳德在黎明时分靠近黑胡子的船只时，黑胡子

这幅黑胡子之死描绘了海盗在人们心中的浪漫主义形象。黑胡子的大名人尽皆知，但谁知道击败黑胡子的勇敢上尉的名字呢？

引这两艘紧随其后的单桅帆船搁浅在了浅滩上。但黑胡子自己的船随后也搁浅了，梅纳德驾船驶出浅滩，追上了他。黑胡子一直试图避免交战，但此刻他别无选择。他的舷炮对准梅纳德的船射击，使其甲板起火。隔着硝烟，黑胡子的手下见敌船甲板上已没有几个幸存者，便轻率地登上了甲板。而当他们涌入船舱内部时，却遭到了船员猛烈的反击。原来他们之前一直躲在甲板下面，就是为了出其不意。登船的海盗大多都投降了，只有黑胡子依然负隅顽抗。他瞄准梅纳德射击，但没有射中，反而被梅纳德射伤。尽管身上负伤，黑胡子还是用弯刀奋力一击，将梅纳德的长剑击断，接着向前紧逼，准备了结梅纳德。就在梅纳德陷入绝望之时，一位水手在黑胡子的脖子上砍了一刀。尽管失血甚多，体力不支，黑胡子依然顽强抵抗。目击者事后称黑胡子在身负 25 处枪伤和刀伤后才毙命。黑胡子的头被砍下来，挂在船首斜桅上，好让梅纳德的雇主看到他的战果。

巴塞洛缪·罗伯茨

（1682年到1722年）

黑巴特是最具代表性的海盗船长，他以在时尚方面的才华著称，喜欢炫耀自己的钻石十字架和帽子上的红羽毛，他对财宝有着天生的嗅觉。事实上，他所捕获的船只比同时代所有海盗都要多。他一登上海盗船就改掉了自己原来的名字约翰，以迷惑政府躲避追捕。事实上，他的海盗生涯刚开始就收获颇丰。在将他于新英格兰袭击葡萄牙船队所得的战利品卖掉后，他驾驶着用葡萄牙船换来的性能良好的新船离开了纽芬兰，又去寻找新的目标。

巴塞洛缪·罗伯茨骄傲地站在自己的船只前方，后面是被俘虏的商船。选自查尔斯·约翰逊船长的《最臭名昭著的海盗的抢劫和谋杀通史》一书中的铜版画。

查尔斯·约翰逊船长的《最臭名昭著的海盗的抢劫和谋杀通史》一书的扉页,该书于1724年一经出版便大获成功。

他将自己的新战舰命名为"皇家幸运"号,他也确实得到了幸运女神的垂青;在加勒比海,他4天之内就巧妙地夺取了15艘英法船只和1艘荷兰船只。黑巴特在这一行干得有声有色。但1722年,皇家海军护卫舰"飞燕"号——一艘结构稳固、装备精良的战船——向他发起攻势。黑巴特沉醉于先前的胜利,迎战前甚至已准备好了庆祝聚会。但一阵葡萄弹射来,他被击中喉咙,当场毙命。看来他的好运用尽了。

施特德·邦内特
(1688年到1718年)

这可是位好汉!约翰逊船长在其精彩的著作《最臭名昭著的海盗的抢劫和谋杀通史》中告诉我们,施特德·邦内特曾经在巴巴多斯岛上拥有一个种植园,甚至一度担任岛上民兵的少校。不幸的是无人能证明此事——干我们海盗这一行的,往往创造力丰富,有一种"美化"自己的天分,相信你也不例外。1718年,施特德·邦内特活跃于卡罗来纳一带。

1718年,施特德·邦内特和他的残兵在查尔斯顿被公开处以绞刑。无论我们对海盗生活怀有多么浪漫的向往,许多海盗都是以这种方式结束一生的。

因与西班牙人交战受伤后,他不幸遇到了黑胡子,便主动向其投降,交出了自己的船。他曾一度和黑胡子共事,但邦内特的船员更愿听从黑胡子的指挥,于是他对海盗生活心灰意冷。随后他听说英国正和西班牙交战,于是他抓住了这个机会,成了一名合法私掠者。英国当局赦免了他过去的海盗活动。邦内特起初恪尽职守地袭击西班牙船只,却终为贪心所俘。于是,查尔斯顿当局出700英镑悬赏他的人头。追捕者在海港入口沙利文岛发现了邦内特和他的船员。邦内特放弃了自己的据点,同一些同伙逃往河流上游，但是一心想要抓住他的追捕者紧随其后，之后双方进行了长达 5 小时的战斗。邦内特在手下死伤殆尽之后投降。他在查尔斯顿接受审判，尽管他充满激情地为自己进行了辩护，但最后他和他的残党都被判有罪，处以绞刑。

塞缪尔·贝拉米
（1689 年到 1717 年）

科德角的人都叫他"黑萨姆"，我肯定你一定听说过很多关于他的传说。黑萨姆喜欢用一条简单的黑色束发带把长长的头发绑在身后，这也是他绰号的由来——比起流行的白色假发来，这种发型无疑更加适合船上生活。除了发型以外，黑萨姆的服饰异常讲究，常常喜欢佩带 4 把手枪和一柄长剑。他机智聪明、富有谋略，有时会派出诱饵船迷惑敌人，然后出其不意发起进攻。他同时也因为慷慨大方的品质和宽厚仁慈的性格而为人熟知；他从不杀俘，而且善待他们，因此很多俘虏都加入了他的团伙，这为他赢得了另一绰号——"海盗王子"。

黑萨姆生于英格兰的德文，那里出了很多伟大的航海家。他年轻的时候和皇家海军签约，参加了几场战役，后于 1715 年移民到美洲殖民地，定居科德角（现为马萨诸塞州的一部分）。他在那里没有逗留太长时间，因为他听说有一艘西班牙宝藏船最近在佛罗里达海岸附近失事，可以在那里找到很多宝藏，所以他向南航行寻找宝藏。但这次打捞行动扑了个空，于是黑萨姆决定改变策略：寻宝猎人成了一名海盗。他和同伙加入了本杰明·霍尼戈船长的"玛丽安"号（船上大副正是爱德华·蒂奇，也就是日后大名鼎鼎的黑胡子）。

贝拉米怀着雄心壮志，终于等到实现理想抱负的机会。霍尼戈不愿意袭击本国船只，船员因此怨声载道，发动了一场叛乱。贝拉米被推选为船长，代替霍尼戈的位置，成了黑萨姆船长。他是一位聪明贤能的船长，用民主制度管理船员；他认为海盗这一职业给了出身低微之人逃脱世代贫穷的机会。他没有使船员们失望，在他领导下的第一年，团队就成功掠夺了50艘船只。

1717年，黑萨姆捕获了宏伟壮丽的"维达·加里"号，这是一艘处在处女航归途的奴隶船，装载着贩卖奴隶所获的财宝。贝拉米追了它3天，才在古巴和伊斯帕尼奥拉岛间的海峡追上了它，并射出了一发炮弹——这就够了。船长降下旗帜以示投降，贝拉米大获全胜，用自己的一艘船与其交换，将"维达·加里"号改装成了海盗船。

贝拉米将"维达·加里"号简称为"维达"号，在他的领导下，"维达"号向北航行，前往新英格兰海岸附近海域。1717年4月26日，黑萨姆乘胜追击，捕获了"玛丽·安娜"号，这艘船上装满了马德拉葡萄酒。他将他的一部分船员转移到这艘船上，然

这幅图画描述了激动人心的登船行动,画面上黑萨姆·贝拉米的船员正在登上"维达·加里"号:海盗们爬上索具,双方都挥动着手枪和弯刀,画面后方他剩下的船员在旗舰上准备小船,为战斗增补兵力。

后又重新起航,但这次迎接他的,是一场灾难。贝拉米的船队在浓雾中失散,"维达"号在科德角遇到了暴风骤雨,狂风使船头撞上沙洲,在40英尺巨浪的拍打下,船桅折断,"维达"号很快沉没,除了两名船员以外,黑萨姆和其他船员全部随船遇难,同"维达"号一起被巨浪淹没。"玛丽·安娜"号也在同一晚失事。两艘船为数不多的幸存者在波士顿接受审判,6名船员被处以绞刑。这对于贝拉米无限风光的海盗生涯而言,无疑是一个悲惨的结局。

安妮·邦尼
（1700年到1782年）

安妮·邦尼是一位爱尔兰律师的私生女，还是小女孩的时候就随着父母一起来到新大陆。她的父亲在伦敦和妻子离婚后，不仅因此面临着法律诉讼，业务也大受影响。青少年时期，安妮的母亲死于伤寒，她和父亲的关系也恶化了，因为她竟与一个穷水手詹姆斯·邦尼相爱并结婚。于是，这对夫妇搬到了巴哈马群岛中的一座名叫拿骚的岛屿

安妮·邦尼是为数不多的确定加入了私掠者的女性。

上，这座岛屿是海盗的庇护所。岛上海盗的勇猛无畏使得安妮很快对丈夫的胆小怯懦深感幻灭。她投入了许多男性的怀抱，其中就有一位海盗船长，人称"卡利科·杰克"的拉克姆。船员们知道她的真实性别，但安妮穿着打扮、言行举止都酷似男性，还经常酗酒打斗，她的受害者都认为她是男性。臭名昭著的玛丽·里德于1720年加入了他们团伙。安妮作为成熟老到的海盗，劝诱船员们开展了更大规模的杀戮和暴力活动。但是同年11月，整船人

都被皇家海军逮捕,处以死刑。安妮·邦尼和玛丽·里德都通过在狱中怀孕请求缓刑,死刑因此未被执行(尽管玛丽死于狱中)。没有人知道著名的女海盗安妮·邦尼后来的情况,据说她回到故乡,和丈夫与父亲团圆,并平安度过了余生。

约翰·保罗·琼斯
(1747年到1792年)

"投降?我还没有开始战斗!"战场上这番惊心动魄之辞出自史上最优秀的私掠者,他的名字叫约翰·保罗·琼斯,出生于苏格兰。1760年,他向弗吉尼亚航行,之后投身于美国独立战争。作为美国海军上尉,他于1775年受命前往法国北部的布雷斯特市,以那里为据点袭击英国船只。在这三年内,他还对陆上发起过袭

战火中的约翰·保罗·琼斯船长,他一手握着一把冒烟的手枪,一手持着弯刀。这位英勇的私掠者被美国人尊奉为美国海军之父。

"博诺梅·理查德"号，在约翰·保罗·琼斯与英国海军的激烈对战后，损坏严重，无法修复，最终葬身大海。

击，包括他的故乡苏格兰。他最冒险的行动之一乃是前往塞尔扣克伯爵在柯库布里的家绑架他，当他得知伯爵并不在家时，他的计划看似泡汤了，但是他并没有对自己的邪恶意图灰心丧气，而是将伯爵的银器掠夺一空，并在返回布雷斯特的路上截获了一艘英国商船。1776年9月1日，他捕获了一艘英国捕鲸船后，驾驶单桅纵帆船"普罗维登斯"号在特拉华州附近美国海域活动。一艘装备28门炮的护卫舰"索尔贝"号发现了他，并展开追捕。但是因为敌舰行驶缓慢，琼斯得以逃脱，逃跑时还用一门回旋炮对敌舰开火，炮弹划过了它的船头。他在执行新的私掠任务的同时也得到了一艘新船，琼斯将它重新命名为"博诺梅·理查德"号，它原本是一艘商船，后来被改造成战舰加入了法国海军，每个海盗都会想要这么一艘神气的船！1779年，琼斯进入北海，想要劫掠苏格兰的利斯地区，但是因为天气恶劣，他不得不缩短航程。9月3日，向南航行的路上，他在弗兰伯勒角外遭遇了一支英国护航船队，"博诺梅·理查德"号和英国领舰"塞拉皮斯"号紧张对峙。双方拒绝谈判，两船互相靠近，舷炮齐射，在密集的步枪火力掩护下，琼斯登上了"塞拉皮斯"号。随之而来的是一场恶战。就在这场交火中，琼斯说出了那句经典名言，事实也佐证了这句话：琼斯没有屈服于失败，他最终捕获了英国船只。而他的"博诺梅·理查德"号在这场战斗中遭受巨创，尽管船员们竭尽全力进行救援，船只最终还是沉没海底。但是，此次战斗意义重大，约翰·保罗·琼斯在北美殖民地（现在的美国）备受尊重，被称作美国海军之父。但他依然不改其无拘无束的性格，他最终效命于女皇叶卡捷琳娜二世的俄国海军。1792年，他在巴黎去世，享年45岁。

蕾切尔·沃尔

（1760年到1789年）

蕾切尔一直向往大海。16岁时，她离开了她家在新英格兰的农场，来到了海岸地区。她在这里遇到了渔夫乔治·沃尔，两人结为夫妻。那时，蕾切尔在波士顿做女仆，丈夫在外出海。但是不久，这对夫妇就渴望过上一种更加惊心动魄的海上生活。他们和一群志同道合的水手一起，用狡猾的伎俩掠夺过往的本分商船。他们让蕾切尔于狂风暴雨后站在失事船只的桅杆上呼喊救命，一旦获救，就和同伙实行抢劫。他们使用这种伎俩欺骗了 12 艘船，但是，1782 年，他们得到了现世报，他们的船真的在飓风中沉没了，除了蕾切尔外所有船员都葬身鱼腹。蕾切尔被解救后（这次是真的），回到了波士顿，重新做回女仆，但没过多久，她再次走上了犯罪道路，开始偷窃停靠在波士顿港的船只。她最终在一艘船上被抓住，船上一位船员被杀，她因此被指控谋杀罪，在劫难逃。1789 年 10 月 8 日，她在审判过程中承认自己是一个海盗，但是发誓自己没有杀人。她是马萨诸塞州最后一位被吊死的女性，也是唯一一位为人所知的新英格兰女海盗。

现在你知道了。海盗和私掠者是非常鱼龙混杂的团体，他们机智勇敢，而又暴虐残酷。你刚刚读到的那些海盗可能不是你所想象的理想主义者和浪漫主义者。记住，如果你成为海盗，在海盗世界打拼，那你也会被人们拿来同这些海盗比较。认真想想怎样让你的大名也像这样，在未来某天出现在书本上。

— 3 —
海上生活

你对海盗生活仍然怀揣着浪漫的理想,认为其就是袭击船只,四处冒险吗?如果你那样想,那你可能会失望透顶;尽管海盗生活毫无疑问充满不确定性和各种危险,但是这种惊心动魄的生活只是海上生活的一小部分。你的大部分时间还是在做一些枯燥无味的工作。要知道你初来乍到,只有从最底层干起。

⚓
你的位置在哪里?

你一上船就融入了船上的等级制度当中。船长当然在顶层,但你会听说船长通常是由船员们选举产生的,此时你多半会很惊讶——记得黑萨姆吗?他就是因为和善仁厚、天性正直获得了船员们的青睐。在选船长的时候,海盗们会从团队中挑选 个以身作则的模范。这个人一定要见多识广、勇敢无畏、连子弹都躲着

海盗船长罗伯逊·基特的画像,霍华德·派尔1907年作品。派尔展示了船长稳当地站在摇晃的甲板上,身穿红色外套,腰缠长腰带的模样;正是因为派尔的画作,这种对海盗服装的刻板印象深入人心。

他走！竞选时，是否受欢迎的影响并不大。更重要的因素是船员们的尊重；船长必须显示出自己英勇无畏、富有谋略，他还要善于管理团队、操纵船只、指挥作战。例如巴塞洛缪·夏普就是一位技术熟练的航海家，同时又是个勇敢无畏、表现出色的好汉。

排在船长后面的是司务长。同船长一样，司务长也由选举产生，他的职责类似治安官，要保证船上风平浪静。司务长是船员们最信赖的人，他要调解海盗之间的纠纷，在战前挑选作战成员，看管缴获的战利品，记录账务，并在每次掠夺成功后为每位船员分配战利品。因为他需要跟踪记录战利品的情况，查明谁手里拿着哪样战利品，所以至少他应该会算账、会写字。人称"卡利科·杰克"的拉克姆在成为海盗船长之前就是一名司务长，这个职务会训练你管理船员的能力，帮助你顺利升为船长。

大副和二副也是船上的重要职务，船长会让他们代行一些船长的日常职责，包括惩处手下。航务长负责监督航行与张帆，舵手负责协助他，是实际上的掌舵者。水手长负责保养船只，监督船员日常工作，监管饮食分发。炮术长在任何海盗船上都享有举足轻重的地位。他负责训练海盗射击，管理火药和弹丸的分发，战时指挥炮手作战，保证船只的大炮在进攻和自卫时，都保持着最佳状态。

军械长在船上发挥着重要作用。这些技术娴熟的枪匠能够保证你们武器齐整，并在需要时进行修复。每一支枪都是独一无二的，如果零件丢失，不容易找到替代品（当然，你有责任时常擦拭保养自己的手枪，玩忽职守会受到惩罚）。木船需要定期维护，所以木匠也是非常必要的；他们会修理损坏程度严重的零件，制造家具和桅杆。捕获敌船的时候，你要时刻留心船上有没有技艺娴熟的木匠——你会想迫使他们加入你的队伍的。

如果你足够幸运，捕获的船只上恰巧有优秀的外科医生，别管他们是否愿意，马上拉他们入伙。不要内疚——如果被政府抓住，医生就会获得自由，政府会自然而然地认为医生是被迫在海盗船上工作的。如果海盗船上没有外科医生，木匠通常可以代劳——因为他们使用的工具差不多！还有一位重要的船员，那就是厨师，尽管从我所品尝过的大多数食物来判断，海盗船上的厨

18世纪晚期一艘战船的横截面。你的单桅帆船或许不像这样宽敞，但下图所示的主要功能区需要你认真学习——军械库、住宿区、存放货物和牲畜的仓库以及可怕的舱底。

师一般厨艺并不精湛。他通常只是船上较为年长的船员，或者是身体残疾的船员，他们干不动船上的体力活——他缺少的肢体或许就是木匠锯掉的……

至于你——你会从一个"伙计"（younker）开始干起。你可能注意到了这个词听上去有些像"更年轻的"（younger），这或许可以给你一些暗示，让你了解自己在船上的地位。你将是"桅前水手"中最年轻的那位，因为你的铺位就在船只主桅前面。相反，你的头儿会在桅后打铺盖。你会被要求在高处工作，需要爬上高高的桅杆进入索具，要将船帆展开和收起来，把绳索系牢，因此你得身体足够健康、精力足够充沛。希望你不会恐高。年长的水手会拉扯绳索，帮你将船帆从甲板上升起来，而你需要在上头像猴子一样配合他们。因为行船需要风帆的正确指引（你不大可能

会在划桨船上工作），所以你会非常忙碌。这是一件好事；闲暇会阻止你成为一位优秀的船员。当你不用悬在桅杆上的时候，你需要擦拭甲板，把上面的脏东西刮干净。你还需要把船锚拉上来或是放下去，打湿船只的甲板，防止甲板缝隙的黏合剂在炎热的天气里变干（让水进入其中），或者干其他杂活。

你还需要轮流值班，要么是在司务长手下担任"左舷值班员"，要么是在大副手下担任"右舷值班员"。海上的一天被分为多个4小时长的班次，从一天正午开始到第二天正午结束，而下午4点到8点的时间段会被分为两个两小时长的班次，这样水手

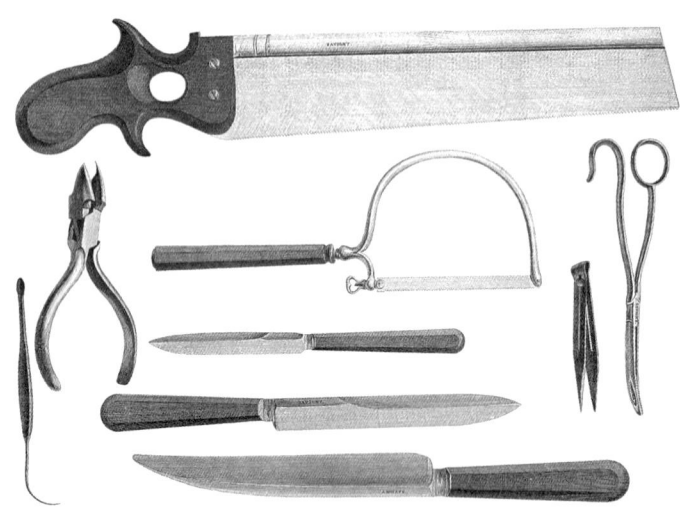

18世纪典型的外科医生工具。有了这样一套装备，随船医生就能随时准备好在必要时候进行截肢手术——尽管给一位大胆的木匠一把宽刃尖锐的刀，在迫不得已的时候他也能完成手术。

们就不会每天的值班时间都一样。你值班的时候，你的同伙就可以上吊床睡觉，而你睡觉的时候，他们就在值班；这样，通过船员轮流值班，海盗船这艘大型机器就可以日夜不息地运作了。

别以为这些工作只是苦差事。你能够学会一些非常有用的专业技能，它们在升职的时候非常有用，而学会这些技能也要付出辛勤努力。一些技能需要通过长时间的观察和操练才能学会，比如掌舵和炮术。领航不是人人都会，但却是非常重要的技能，要花大量时间学习，不过这项技能物超所值。基本航行技能包括识别地标，比如认识岛屿的形状。除了熟悉地标，领航员还需要了解气候变化。季节性的风又叫季风，这会对航行造成影响，比如船只在东印度航行时，季风会影响航行方向和耗时。美洲的西班牙宝藏船队行程的制定，（理论上）是为了最大限度减少仲夏到秋季飓风的威胁。通过观察这些天气变化模式，海盗们能够切实有效地计划袭击。

时髦的海盗穿什么？

我们现在说说海盗船上的服饰准则这个重要的问题，答案不像你想的那样显而易见。我听见你在问，细长飘逸的红腰带和西班牙头巾怎么样？我觉得你可能海盗故事读太多了。黑巴特是海盗中最时尚的；人们总是谈论他华丽的穿着，羡慕他深红色的马甲，帽子上红色的羽毛和腰上佩带的两把手枪。但黑巴特只是个例外，首先你要知道你不是一名船长，你需要做很多体力活，当你摇摇晃晃地在桅杆上工作时，一件马甲和一条长腰带或许不是最好的衣着选择。水手的服饰都简单实用：一条长裤，一件宽松的衬衫，有时头上还会系着用来吸汗的手帕。耐磨的亚麻布或者羊毛绒面呢是最好的服饰原料。颜色鲜艳？当然可以。但是你的衣服会被打湿，所以不要使用容易生锈的铁纽扣这类装饰品。海盗们通常买不起皮鞋，它们也只合适在最恶劣的天气下穿。大多数时候光脚最好。你还可以在衣服上涂抹船上的防水焦油。皇家海军常常这样做，这也是为什么水手又被人叫成"焦油外套"。

当然，你经常要在炎热潮湿的区域工作，需要酌情对服装做出一定调整。许多海盗在靠近温暖的气候区时，都会脱下在寒冷潮湿的英国穿的羊毛

选自约翰逊船长《最臭名昭著的海盗的抢劫和谋杀通史》。这幅插图可以显示出黑巴特的时尚天赋：他身着精美的服饰，头戴一顶宽大的三角帽，以品味讲究著称——也懂得如何满足自己的这一爱好。

普通版的海盗服装。在更温暖的气候中，宽松的衬衫和裤子可以应付潮湿和闷热。你还应该系条腰带，好放你的手枪。

裤，而选择穿衬裙马裤。衬裙马裤肥大宽松，裤腿敞开，利于空气流通。大多数时候，服饰的选择都会从实用性出发。如果你的船长是个好人的话，他会让你们不愁吃穿。黑巴特一旦捕获船只，就会把新衣服列在战利品清单上，作为船员的奖赏，但记住缝补衣服是你自己的事，所以你最好会做一些针线活。会洗衣服也很重要；不要学那些偷懒的海盗的样，依靠暴风雨或者泡在海里来洗衣服。

然后是配饰。耳环最为流行；水手们大都非常迷信，他们觉得打耳洞可以改善视力。但是耳环确实有一种实际用途——据说水手们佩戴的金银耳坏，可以保证不管他们死在哪里，同船伙伴都有钱埋葬他们。你的船长可能会戴一顶三角帽或者其他和他地位相符的帽子。对你而言，一顶羊毛帽子可以帮你在晚上保暖，但是在战斗中它起不到保护作用。圆顶礼帽结实又耐用，它可以遮阳，甚至能挡下用力不猛的斩击。

海上疾病

海盗船上若是不经常打扫卫生,变得肮脏邋遢,海盗们可能会身患重大疾病。食物中毒非常常见——一些海盗食用过期食品后,会出现食物中毒的情况,只能吃木炭来解毒。老鼠常常会寄生在船上,所以海盗船常常滋生大量老鼠以及它们身上携带的虱子。老鼠是自然界生存能力最强的动物之一,无论你杀掉多少老鼠,它们都能够持续不断地繁殖(老鼠像极了海盗,不是吗?)。

老鼠是船上生活无法避免的存在。从行程一开始你就会饱受这些偷渡者的折磨,在旅途中你会发现无论你用什么方法消灭这些老鼠,它们都会不断地繁衍后代。

处于震颤谵妄状态的水手会以为自己身边跟着一群美人鱼；不要被他的故事骗了。更重要的是，不要过量饮用朗姆酒。喝醉的水手会比其他人看到更多的人鱼。

一艘西班牙盖伦帆船上的船长据说在一次航行中杀死了4000多只老鼠。你在吊床上睡觉的时候，它们也许会从你脸上爬过。除了老鼠，还有虱子和蟑螂，它们最喜欢的去处就是脏衣服堆。到加勒比海的时候，你会惊讶地发现船上到处都是蟑螂，但是等到回欧洲的路上气候变寒冷后，它们就会突然死掉，你可以把它们小小的尸体扫到海里面。如果被这些动物咬伤，就会有得疥疮的危险。

很多海盗一直穿同一件衣服，直到把这件衣服穿成破布。绷带也是如此，因而疾病周而复始，无法痊愈。以下是一些你有可能会碰到的最常见的疾病：

震颤谵妄

处于这种状态的人通常会出现幻觉，换而言之，看到虚幻的景象。那些深受其害的船员常常会声称自己遇见了美人鱼——而水手通常没这么幸运。如果想要保持理智，就不要过量饮酒——震颤谵妄是长期过度饮酒后，在戒断期出现的严重症状之一。

坏血病

如果你的牙齿脱落，皮肤变得十分暗淡，腿部严重浮肿，不停地上厕所，那么你可能患了坏血病。在长距离的海上旅行中，水手们曾经非常容易患上坏血病，但是最近几年人们发现食用维生素 C 含量高的水果可以预防坏血病，比如柠檬和酸橙。

破伤风

破伤风是一种神秘而奇特的病，我们对其知之甚少。患者嘴巴痉挛无法张开，不能说话也不能进食，最后走向死亡。

干腹痛

干腹痛也叫"画家绞痛"，是一种使胃部剧痛无比的疾病。

为了预防坏血病,确保你的船上储存了一定量的柑橘类水果,就像这艘正在装载柑橘的盖伦帆船一样。

我听说干腹痛是由铅中毒引起,不知道是不是真的。

躁狂症

人们更熟悉躁狂症的惯用名称:发疯。数月的海上生活会让大多数正常人发疯。一旦患有此病，就会开始出现幻觉，比如看到美人鱼。患者在幻想之时容易受到惊吓，觉得自己的船只遭到了攻击。躁狂症无法治疗，必须要把发作之人稳定住，等他恢复冷静，防止他打扰同船水手。

青铜约翰（也叫黄马甲）

我们管致命的黄热病叫"青铜约翰"或者"黄马甲"，身患此病的人刚开始会出现腹部剧痛、肌肉酸痛、头疼的症状，然后肾脏受损，皮肤变黄——"黄热病"的名字因此而来。在西属美洲和其他热带地区要格外小心蚊子，小心染上这种致命疾病。黄热病患者严重程度不尽相同，你有可能只是出现一些轻微症状，而其他船员或许会因病去世。这种病目前没有治愈方法，你只能顺其自然。最好别染上这种病。

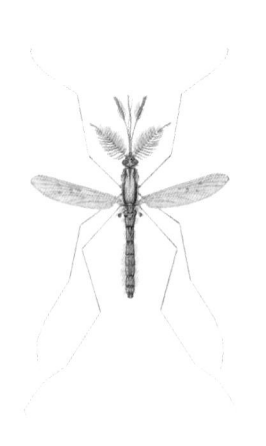

一种原产于英国的蚊子，可以携带致命的黄热病病毒，这种病使很多船员受尽苦头。

海上医务

一旦发现自己患上了上述任何一种病，你就得去找随船医生——你会在船头找到他的医务室。疾病尚可用药物治疗，但是如果在船上发生意外，你的处境会更加危险。滚落的大炮、掉落的货物以及与其他船只的战斗都可能会夺走你的肢体。随船外科医生负责处理这些伤情，必要时候，他甚至会采取截肢的治疗方法。不用说，被砍断一条胳膊或腿不是一种愉快的经历。即将失去胳膊或腿的倒霉海盗，只能靠痛饮朗姆酒挺过手术，因此手术一定要快；在海盗流血至死之前，医生只有 10 分钟的手术时间。他要用锋利的斧刃砍下残肢，然后加热斧面，灼烧剩下的部分。如果船上没有外科医生，也没关系——随船木匠或者厨师会料理此事；截肢需要的仅仅是熟练使用斧头的技能和强忍着不呕出来的忍耐力。

船上的饭食

"航行怎么能少得了木头干粮呢？"查尔斯·约翰逊在他关于海盗的书中这样写道。"木头干粮"是我们对于船上食物的称呼，

蛹　　　成虫

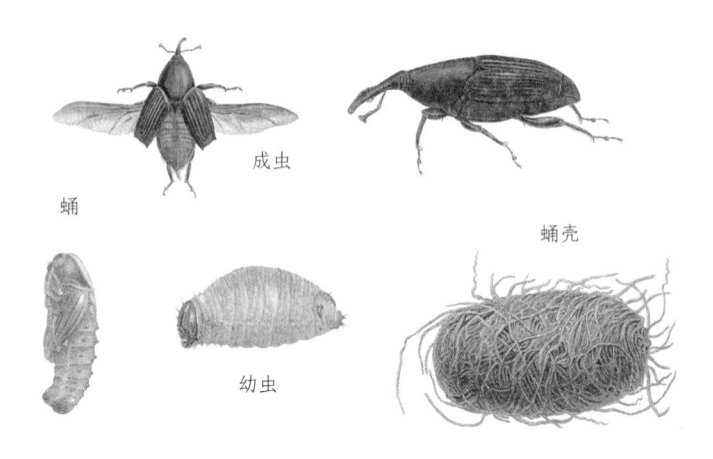

蛹壳

幼虫

和你分享同一份食物的棕榈象鼻虫生命周期的不同阶段。

你可能并不期待海盗船上的食物。你听说过饼干硬得咬不动，要在水里浸泡数小时才能下咽的事吗？听说过吃到滋生象鼻虫的饼干以后，嘴里全是虫子在蠕动的事吗？好啦，别担心，一切都没有问题，船上的食物会比你在陆上吃到的食物好很多。当然，在一些极端的情况下，食物需要临时准备，比如被困在一座无人岛上的时候。1670 年，亨利·摩根的船员滞留在加勒比海的一座荒岛上，他们十分饥饿，连自己包上的皮革都吃掉了。其中一名船员写道，烹饪皮革的最好办法是将其撕成条状，放在水里浸泡，然后敲打使其变得柔软。最后还可以烘烤或者炙烤这些皮革，把它们切成小块就着水吃下去。我希望你永远不用吃皮革。逆风或者无风的天气也会带来厄运，船只会在海面上孤立无援。在这种情况下，船长常常会对船上的食物实行配给制度。1680 年，一群遭受到这种困境的私掠者以每品脱*30枚八里亚尔银圆的价格向另一艘船买水——这得是多么令人绝望的境地啊！如果海盗没能到达预期目的地，船上也会实行配给制度。黑巴特率领着他的"皇家幸运"号和"好运"号，就曾经意外地错过了他们本来计划前往整修船只的岛屿。对130人而言，一大桶水（63加仑**）撑不了多久，而且他们的食物都是经过腌制的，会让他们更加口渴。

不过也不用担心，这种情况很少见。船长们不是傻子；他们知道只有吃饱喝足的船员才不容易哗变，而且你们只有在定期入港或是有一个海盗小镇作为劫掠间隙修整基地的情况下，才会进行长途航行，你们会频繁得到充足的食物补给的。当然，你们也会在抢到的船上找到种类丰富的各国美食。依靠繁荣的贸易港口，西班牙的船员吃得相当不错，所以如果你们抢到了一艘西班牙船，不要放过他们那上好的橄榄油。

你可能还记得那些在烤架上熏烤肉类，将其贩卖给过往船只的私掠者。这些肉十分美味！你先要把肉条泡在水里，然后在海上烟熏和风干，直到它们适宜食用。这样，你就既不会挨饿，也不会硌坏牙齿。你吃这些食物的时候还可以就着啤酒，它比水更卫生，如果是在北方的话，还会有白兰地。美洲盛产朗姆酒。前往西印度群岛的人（包括海盗）大多都愿享受朗姆潘趣酒的美味。朗姆潘趣酒是一种将朗姆酒、酸橙汁和糖混合在一起的饮料。如

---

* 1品脱 = 473.176473毫升。
** 1加仑 = 3.7854118升。

1823年,西印度群岛的一家朗姆酒酿造厂。朗姆酒非常受海盗的欢迎。

果你喝到的酒只叫潘趣酒,那很可能是白兰地兑水,并加了一些当地水果的果汁。至于红酒,马德拉群岛盛产葡萄酒,因此又被称作"红袋子",这种酒在加勒比一带非常有名,是船上的理想补给。在红酒里加入柠檬汁和香料就可以调出桑格里厄酒。你还可能尝到"福利普酒",这是一种在浓啤酒里混合了糖和朗姆酒,用热铁加热的饮料。我不建议你学传说中的私掠者,在朗姆酒里加火药——这只不过是编造出来的故事,不用说,这种酒对你毫无益处。

你吃过海龟吗?海龟肉十分美味——美味之至,以至于有人想将海龟带回国进贡给国王,结果到港的时候带的海龟都被吃光了!龟背上的肉常常用来煲汤,龟腹部的肉适合烘烤或烘焙。可以把乌龟养在甲板上,保持龟肉长时间新鲜,龟蛋也非常美味。

加勒比盛产海龟,尽管它们在海里非常灵活,但在陆地很容易被抓到。抓乌龟的秘诀是抓住一只以后,迅速将它转过身去,使其无法翻身。

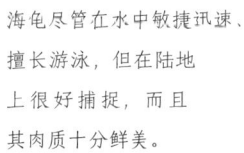

海龟尽管在水中敏捷迅速、擅长游泳,但在陆地上很好捕捉,而且其肉质十分鲜美。

如果你们没有经过盛产海龟的地方,你还可以吃到牛肉、猪肉和各种鱼肉。煮熟的鲨鱼非常美味。你在海上不怎么吃得到土豆,因为它们不容易保存。但是在热带你可以吃到玉米面包和木薯,还有香蕉和橘子(多吃点可以预防坏血病)。如果你在正确的地方,那甚至还能吃到巧克力……

最后,你在船上总是能吃到大杂拌——这是一种放了肉的沙拉,它制作简单,搭配多样,里面有几乎所有你能想到的食材。你很快就会习惯它的味道。在船上饲养动物能够保障肉类供应稳定。后甲板的笼子里头可以养鸡,猪、羊和乌龟则只能放在主甲板上散养——只要做好清洁工作就行。

给温柔海盗的饲养鹦鹉指南

当然,我们在船上养动物不光为了杀来吃;养宠物能够活跃甲板上的气氛。在人们印象当中,海盗和鹦鹉密不可分,这是有道理的;拥有一个忠诚的伙伴,让它坐在你的肩膀上,教它说话,这相比于船上繁重的工作,是一种愉快的休闲方式。鹦鹉还能把你的船友逗乐,使你人见人爱;这些社交型的鸟类喜欢人类,不会攻击船员,并且十分适应船上生活——它们喜欢飞来飞去,栖息在绳索上面。它们吃得不多,这在困难时期是很重要的,鹦鹉的食物也便于在船上储存。它们主要吃坚果,如果有水果,它们也喜欢吃。西属美洲盛产热带水果,但是千万别给鹦鹉吃鳄梨,它对鹦鹉来说有毒。相反,因为鹦鹉身型较小,在食物匮乏的情况下,没有人会把它们吃掉。非洲和南美洲附近荒凉的无人岛上最容易找到鹦鹉。世界上的鹦鹉种类超过 300 种,我最喜欢的是金刚鹦鹉。这种高智商的鸟类最

鹦鹉对于海盗而言是不错的宠物;它们拥有鲜艳的羽毛,会给船上生活增色添彩,并且还善于社交。

喜欢耍花招、学说话。身体健康的鹦鹉能活35岁。如果善待鹦鹉，它们会坐在你的肩膀上，让你看起来像个真正的海盗。海盗们也常常在船上养猫，用来捉老鼠，小心不要让猫把你的鹦鹉吃了。船上不适合养狗，不过你可以考虑养只猴子。有只猴子和我认识的许多船员都相处得很好。

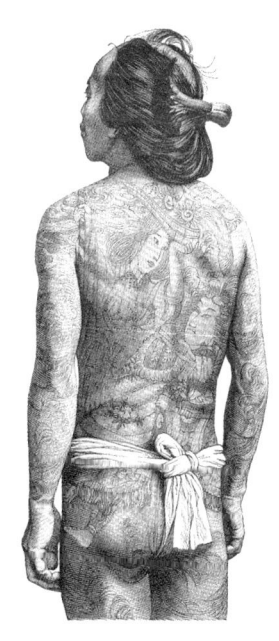

海盗文身指南
（可别后悔）

提起海盗，人们不止会想到鹦鹉。一旦知道你的海盗身份，大家都会想要看你的文身。但是我想要给你提出一个警告。在肩上文一个文身和养一只鹦鹉可不一样，你的肩上将会永远留下印记。你是在一个欢乐的夜晚在皇家港做的文身吗？（你还能记得你挑选样式的情景吗？）一个独一无二的文身会成为一个标识，如果你被警卫逮捕，文身会成为政府辨认身份的有效手段。如果你把名字文在背上被他

日本海盗的文身图案极其繁复华丽。

们认出来了，那么即使你矢口否认也于事无补。不过如果你下定决心文身，那文什么比较好呢？海盗通常会文一个简单的船锚，但是如果加上粗体字"法国人必死"，而又被法国官兵抓住，你就会显得非常愚勇。日本海盗的文身最为华丽，看上去简直像一个行走的艺术馆。

危机四伏的海盗生活

海盗生活或许看上去非常美好。想象一下这幅宁静的画面。你开开心心地融入船上的集体生活；知道自己在船上的位置，没有感染坏血病也没有牺牲在枪林弹雨之中，在肩膀上文了一个极富品味的文身，还养了只站在肩膀上的鹦鹉。但是美好的景象或许会稍纵即逝，所以不要掉以轻心——海洋中有着很多潜在的危险。

比如，加勒比海阿韦斯岛的南端水下10英尺[*]有一道3英里[**]长的暗礁，人们晚上看不到它。1678年5月11日晚上，一支法国船队靠近这座岛屿。第一艘船的船首如蛋壳般在礁石上撞得粉碎。水手们纷纷失足落水。索具和桅杆坍塌在甲板上。仅仅30秒

---

[*] 1英尺 = 30.48厘米。
[**] 1英里 = 1.609344千米。

钟的时间，这艘船就被摧毁了。塞缪尔·约翰逊博士所言极是："坐船就像坐牢，或遭溺水而亡。"

你可能不会碰到这样的意外，但还有火灾的危险。船是用木头做的，船上还有很多焦油、麻布和衣服——都是易燃物。一旦碰上火，情况就十分危险了。海盗吸烟时的大意之举、灶台冒出来的余烬、被打翻的蜡烛，都可能引发一场重大火灾。威廉·斯内尔格雷夫在1719年作为囚犯登上了"温德姆"号，他回忆起被掳期间，有一名船员从酒桶中取朗姆酒喝，不慎把一支点燃的蜡烛掉到了酒桶里。朗姆酒起火，火势迅速蔓延到第二只酒桶，然后酒桶爆炸。幸好火势没有蔓延到附近的沥青和焦油上面，否则一定会船毁人亡。难怪水手们都恐火。

不期而遇的风暴

蓝天之下，湛蓝的海面上，你顺风而行。在明媚的阳光下，你一面在桁端上保持平衡一面熟练地收帆，全身都暖洋洋的。这听起来正如世外桃源一般，然而层层叠叠的黑云遮挡住阳光，无尽的黑暗猝然而至。狂风涌起，平静的海面突然波涛汹涌，巨浪如崇山峻岭一般咆哮。索具变得湿滑，甲板上难以行走。狂风吹着雨滴像小石子般敲击在脸上。然后巨浪袭来，船呈45度角倾斜，巨浪用力拍打船只，你身上每一根骨头都在震动。大海就是这样翻脸不认人。船上的所有物品都必须捆牢，否则就会被抛出船外或者从一侧被甩到另一侧，撞飞中间的人或物。这种情况下，训练至关重要。你一定会又冷又湿。抓住任何能抓的东西，这是为了保命！连最富经验的海盗都害怕在风暴中航行。帆桁、木板、吊带、索具都可能断裂，就像有人拿斧子将它们砍断那样。水手们可能在湿滑的甲板上被颠得左右摇晃或者被颠出船外，一旦发生这种情况，水手很可能被淹死——船没法轻易停下，就算是水手们在风平浪静后将船开回原来的航道，落海船员到那时也多半早就葬身海底了。

油画中的这艘荷兰船毁于狂风暴雨。背景中的护卫船只成了落水船员的救命稻草；而单独航行的船只就没有这样的安全保障了。

沉　船

值得庆幸的是，船一般很难沉没；炮击造成的洞一般不会大到导致船只沉没，火灾也不至于把船烧沉。但船只如果受到风暴的猛烈冲击，就可能会发生沉船事故。船难就是这样发生的。当你的船下沉的时候，你得抓住任何能浮起来的东西。你会游泳，对吧？海里一般会存在两大危险。一种就是被冰冷刺骨的海水冻死。在淹死之前，困意会将你席卷。在温暖的海域，危险来自鲨鱼，对此你毫无抵抗之力。如果风暴发生在陆地附近，你运气好的话或许能被冲上岸——但是你还是可能撞到石头。

灾难预测

怎样预防灾难呢？很简单：观察灾难来临的前兆。出发之前查看日历；水手们不喜欢在星期五起航，若这个星期五还是13日的话，就更不吉利了。每月17日和29日则是出行的好日子。

穿过南部海域的时候，你会遇到信天翁；传说信天翁是死去水手尚未安息灵魂的化身。如果哪个海盗杀害了·只信天翁，灾难就会降临在他的头上，因为暴风雨会替死去的信天翁复仇。如果要免除灾难，必须把信天翁的尸体挂在凶手的脖子上，在主桅前鞭打他，不给他吃喝，直到暴风雨过去。海盗们还要当心海燕，这些鸟和信天翁一样，是死去水手灵魂的化身，杀害海燕就如同杀害一名水手同胞，注定会受到报复。

鲨鱼和海龟也同厄运相联系。你可以吃海龟，但是如果你杀掉海龟却不吃，就会遭受厄运；而如果你在口袋里面放一块龟

塞缪尔·泰勒·柯勒律治《古舟子咏》中的一幅插画，画中的水手因为杀害信天翁给船员们带来了厄运，正在忏悔。

骨，就会有好运气。鲨鱼紧跟在船后面意味着船上有水手会很快死去——它们耐心地等待他们服从自己的命运，成为它们口中食物。遇到蝠鲼也同遇到鲨鱼一样不祥，水手们认为蝠鲼会缠住船锚，把船只拖入水底。

出海船只一般会在船头装有船首像。一般认为只要船首像在，就不会沉船。传说在猛烈的暴风雨中，如果让一位女性袒胸露乳，暴风雨就会停歇。这也是为什么船首像一般被刻成袒胸露

大青鲨环绕沉船，幸存者又一次陷入绝境。

乳的女性形象。

  还有传说圣伊拉斯谟（也叫圣埃尔莫）死于海上一场暴风雨。临死之前，他向船员承诺，如果他们遭遇了暴风雨，他就会显身。不久以后，水手看到桅顶上出现了一道神秘的光束，认为这是伊拉斯谟信守承诺的预兆，他们不会淹死。

  这也是为何暴风雨中桅杆和帆桁周围所见的亮光有时候被称为圣埃尔莫之火的原因——尽管有些人会告诉你这种现象是闪电造成的。水手认为亮光的出现预示着暴风雨最糟糕的阶段已经结束，只要亮光一直在桅杆上高高闪烁，就会有好运气。但是如果亮光在甲板上闪烁，就一定会有坏运气，如果亮光出现在一个人的头顶上，他就会立刻死去。所以说，水手们都是十分迷信的人。

风暴中桅杆顶有时会闪起亮光,这种现象被称为圣埃尔莫之火。

看到人鱼该怎么办

在一次长途旅行中,你会见到各种奇异的现象,但是最神奇的莫过于亲眼看到人鱼。人鱼会以年轻貌美的女子形象出现,她们金发齐腰,胸部丰满,但腰部以下是鱼尾。然而有一个坏消息:人鱼一般会带来危险的意外事件:暴风雨、溺水或者船难。因此,人鱼预示着危险的来临。也许,你会爱上人鱼,尽管我不认为这会发生在一名凶恶的水手身上。1493年,著名的克里斯托弗·哥伦布宣称看到了3条人鱼。他写道，人鱼不像他想象的那样美丽，远远看去她们就像是大型海豹。黑胡子尽管凶残暴虐，但是对人鱼的存在深信不疑。在多次旅行期间，他都让船员远离某些海域，因为这些地方被人鱼施了魔法，只会带来坏运气。

— 4 —
海盗实践

现在你已经初步入门了。怎样成为一名海盗、自己在海盗船上的地位、船上生活所面临的风险,这些你都一一了解了。我们现在聊一聊实践经验,就从海盗船开始。对于所有海盗来说,海盗船是最重要的工具,你需要了解它,越熟悉越好。

海盗船:用户指南

你是想开着一条在某个僻静海峡中抢来的不起眼的落单商船呢,还是想要一条能在海上横行霸道的恐怖战舰?有多少种海盗,就有多少种海盗船——往下读,看看你最喜欢哪一种!

帆　船

你的海盗船很可能是借风航行的帆船——这决定了舰船的设计和你要选择的海盗策略。理想情况下（很多时候情况都不够理想），选择海盗船的时候，首先要看的是它的速度。你需要的是一艘造型优美、船身修长的船，它能像刀锋划过水面一样乘风破浪。尽管轻型海盗船重量轻，难以抵抗炮火攻击，但它的速度要快于行动迟缓的商船和重型战舰。

正在护航的英国双桅快船——这是对付你这样的海盗最有效的防御手段。

你当然还要装一些大炮，不过只要够用就可以——大炮的重量会让你的船变慢，如果你赶不上其他船只，就无法俘获它们了。也别以为你总要靠侧舷齐射击沉别的船只。事实上，如果你的船只看上去体型小、防御弱，那它俘获船只的可能性更大，你只需要在最后一刻展现自己的真正实力。大多数时候，你会选择避开战斗，好消息是大多数受害者也会有同样的想法。如果他们知道无法逃脱你外形狰狞的高速海盗船，或许不费你一枪一弹他们就会举手投降。

我见过最迅捷、优美的船是单桅帆船。单桅帆船是法国私掠者的标配，船上一般搭载20至60人，尽管法国人倾向于少带炮多带火枪，船上还是会配备10至20门大炮。单桅帆船只有一面船帆，嚣张而吓人地立在船上，所以你一般不会弄错。罗得岛的私掠单桅帆船"希望"号就是一个好例子，船上配有7门大炮，在独立战争时期袭击过英国船只。1780年，"希望"号在詹姆斯·门罗船长的带领下，驶离罗得岛普罗维登斯，捕获了一艘满载朗姆酒和糖、正开往纽约的英国船。亨利·摩根在其对巴拿马的著名掠夺行动中，率领了一支由37艘单桅帆船组成的舰队，这些船只无一不体型小巧。单桅帆船不仅速度快，维护简便，还易于通过合法途径获取——但不要选择过小的船只开展活动。如果你比较贪心，船员数目少意味着分战利品的人少，但是在登船战中，船员数量过少就意味着可用于登船的兵力不足，因而无法对抗敌方船上数目庞大的敌人。

我听说法国人和荷兰人偏爱更大一些的"轻型桨帆船"。这种船有两根桅杆，以桨动力作为辅助，在无风的水域也能航行。至于双桅帆船，它以行动迟缓而闻名，但是如果你想要掩饰海盗船

双桅帆船。双桅帆船的速度或许比其他舰艇慢，但正因如此，作为海盗船的双桅帆船有最佳的伪装效果。

17 世纪的轻型桨帆船，常见于地中海海域，适合在平静海面行驶。

的真面目，那平淡无奇的双桅帆船是最好的选择，因为你们可能被误认为只是普通的渔民。福禄特帆船是一种典型的货船，它的速度要更快些。尽管很多人会告诉你福禄特帆船不适宜进行追逐战，但了不起的黑胡子的福禄特帆船"安妮女王的复仇"号，就曾经战胜过比它大得多的船只。迪盖-特鲁安有一次提到，他曾驾驶着一条福禄特帆船，整整3个月只抓到了一艘满载蔗糖的西班牙船只。在他看来，这无疑是一次失败的航行。

要不然，你也可以选择一艘体型庞大、坚固可靠的战船；它可能以前就是一艘军舰。这种船的速度可能比不上它的袭击目标，但是能在近距离时给出强有力的一击。因此，这种船需要悄无声息地接近目标。私掠者的赞助人希望有充足的空间来把所有战利品都搬回家，因此通常会提供一艘大型船，作为其出资的一部分。除此之外，海盗船长也可能会抢到一艘这种船，并换上自己的旗帜。一些海盗也会自主选择使用战船，比如法国北部圣马洛岛上的海盗。他们常常驾驶配备50门以上大炮的舰船，因为比起速度，他们更看重船只的火力——不用说驾驶这样的船会非常威风。当然，圣马洛岛的海盗有海岛附近的安全港口可以回。而你可能不会那么幸运，大型船只在小河小溪里显然没有藏身之所。

对于驾驶什么样的船只，海盗通常没有太多选择，只能有什么开什么，但好消息是你可以改装和完善你的船只，以适应自己的需求。因此，如果你捕获了一只威风凛凛的大型战舰，你可能希望把船上多余的装饰都去掉，比如那些繁复的雕花，并削减后甲板和后甲板的舱室，这样做能够提高船速。你也可以将船只两侧的大炮换成轻型回旋炮，减轻船身重量。前面已经说过，如果要将船只作为战斗工具，船体大小非常重要，尽管大炮太多会给舰船带来巨大的负担。首先，大炮的重量会导致甲板出现裂痕——这会带来灾难性影响。其次在波涛汹涌的海面上，大炮左右摇晃，扯断绳索，结果会更加糟糕。大炮的重量如果偏向一侧，船只就会有倾覆的危险。在波涛中，炮门也存在危险，一旦炮门进水，被打湿的火药就会失效。这就是在战时准备开火的时候，不到关键时刻，炮门一定要紧闭的原因（紧闭炮门也可以让受害者低估你实际拥有的大炮数量，获得出其不意的战术优势）。

中国东部海域的中国帆船。这些船只外观多彩，外形美观，船体结实，功能完备。

最后，不要小看你将会在远东遇到的帆船。东亚舰船最为人熟知的是"中国帆船"（junk，有"无用"的意思），但这并不表示这种船很无用。1555年，英语中第一次出现这种表达，这有可能是因为误听了中文中"船"这个字的发音而得名。遗憾的是，"junk"所携带的负面意义（至少在英语中是这样），让人误认为亚洲船要比西方船低一等。但是，中国船在很多方面都领先于西方船。为什么？因为一些中国船配有防水舱，一个舱进水了，不会使整艘船都进水。多聪明！

加莱桨帆船

你现在已经不太可能看到加莱桨帆船了，但多年以前，它们曾经称霸地中海。它们十分适合海盗活动，因此其总体设计2000多年来没有明显变化。加莱船上有两面三角形船帆，但因为风平浪静的天气不适合帆船航行，所以船桨就成了船的主要驱动力来源。一只船两侧各配备25至30支船桨，每支桨要有3至4名桨手，他们坐在长椅上划船（有时被链子拴着），甲板中央只有一条狭窄的过道。一般情况下，加莱船能搭载400名船员，其中250名是桨手，船上各个角落挤满了作战人员。大多数桨手都是之前的战俘，而这些不甘劳作的战俘仍有被释放的希望——当战斗即将爆发时，他们可能会被解开镣铐，并且被承诺如果他们在战斗中能竭诚效力，就可以获得自由。在古典时代，加莱船的战斗方式只有撞击和登船,但到了15世纪中期,加莱船就有了其他进攻手段:在船头或船尾安装的大炮。

当然,船桨并没有彻底退出历史舞台。如果你驾着一只轻巧的小船,而海面无风导致你无法追赶敌人或者逃脱追捕时,船桨就很有用,但在海浪翻滚的海面上,船桨就很难用上了。划船是一项很艰难的工作,你可能需要划桨,但是不要担心,我们已经不再使用划桨奴隶了!

一艘16世纪的加莱桨帆船。船上的桨使得这种船适合在平静的水面航行。

战斗划艇

读过了那些又大又威风的舰船,当你发现自己做海盗时最终要划一只小划艇时,你可能会很惊讶。如果海盗要安全地在河网(尤其是在南美或者北美地区)中抢劫而无须出海的话,就会用到划艇。划艇可以在树木丛生的河口地区，迅捷地突袭过往船只。从事这类抢劫的有时是简单的独木舟，它们也非常高效，但大型划艇每次抢劫可以搭载 20 个人，而巨型划艇的搭载人数可以达到 100 人！欧洲人划船的方式类似驾驶维京战船，与当地印第安人的方式不同。很多海盗都是在小艇上开始他们的海盗生涯的！

大型海盗船上也有划艇的一席之地。这些轻型小艇，一般搭载在大型船只上面或者跟随其后，通常用于袭击没有提防之心的商船或者作为上岸抢劫。除去战时用途，小型船只在大型舰艇上也举足轻重。运送物资、摆渡船员上岸或者搜寻落水海员（在航行中很常见）等常规任务，没有划艇就无法完成。

像划艇这样的小船，在劫掠海岸时是必不可少的，它也可以用来靠近大型舰船。

驾船技巧：基础

驾船是一门细致的艺术，我觉得在这里不需要事无巨细地向你讲明，让你对这一阶段的学习产生疑惑。等到你登上甲板之后，就马上能学到所有的细节，包括相关术语。如果你没有迅速掌握这些内容，乐于助人的水手长肯定会拧你的耳朵。上了船你就永远要作为团队的一部分来工作，在很多年后你才会明白自己所承担的微小工作的重要性。当你站在 40 英尺高的船绳上，全身湿透，被冷风吹得瑟瑟发抖的时候，可以这么鼓励自己："这艘船没有我就无法航行！"

舵手是船上最重要的岗位之一。如今的舵手是用船轮来操纵船只的，它可以通过机械装置来控制船舵，而过去用的则是舵柄，其工作原理类似大型杠杆。操纵舵柄非常辛苦，需要有好几个人合力使劲推。毫无掩护的舵手是敌方射手的首要目标，但知道这一点也无济于事。他们经常遭到蹲踞在敌船索具上的火枪手射杀。

船舶的清洗和其他保养工作

你时常要驾船追赶猎物，此时速度非常关键。为了保障船能全速行驶，清除生长在船底的海洋生物至关重要，因为它们会增加船在水中的阻力。刷洗清除船体上的海洋生物残骸的过程被称

派尔《海盗之书》中的插图：一群海盗驾着单桅小船接近一艘西班牙盖伦船。这艘宝藏船被夺取后可能会被改造成海盗船。

一名舵手在猛烈的暴风雨中驾驶船只。

为"侧斜检修"。优秀的船长一有机会就应进行侧斜检修。这说着容易做着难,因为检修工作要在岸上完成——除非你能够在水下呼吸。海盗不能在海军港口的干船坞进行检修,因为这样只会给毫无防御之力的船只带来巨大的风险,所以要选择一个人迹罕至的隐蔽海岸。计算好潮起潮落的时间,将船搁浅在沙滩上。然后用绳索小心翼翼地将船拉得倒向一侧,这样就可以开始工作了。海草和藤壶需要彻底刮净,待到露出木板后,就可以进行保养了。你要把焦油煮开,用麻绳蘸着,填补船板的裂隙,而你的木匠则应替换掉无法修好的木板。务必要有人全副武装放哨,因为此时船只仍然容易遭受攻击。事实上,一些海盗出于谨慎,每次只清洗一边船身。除了侧斜检修之外,务必保证船只状态良好,这样它才能跑得更快。尽可能丢掉不需要的物品,保证货物均匀分布,使船只在海面上能够平稳航行。

打扫舱底

船只维护最令人害怕的环节就是打扫舱底。船上的脏东西会随着船员们清洗甲板的水、冲刷船只的海浪和甲板上牲畜的尿液一起流到舱底。你洗衣服的污水也会流到舱底,还有厨余垃圾、血液、老鼠尸体和粪便。约翰逊船长对于舱底的污物有一段生动的描述:

> 今晚我们派了两个木匠从井道下去检查,他们差点被潮气熏死,幸好我们立刻把他们吊了上来,但他们很难恢复过来。船舱常年密闭,舱底的脏东西腐坏发臭,造成了这种潮气,它都能把魔鬼熏坏。只需一夜,污水的蒸汽就能把我所有的盘子和银器全都熏黑。

臭味太重,把船员都熏倒了——这些可怜的海盗只能由同伴拉上来——甚至能一夜之间把银器熏黑!怎样保证自己不碰上这种倒霉的事情呢?你可以从避免情况进一步恶化做起。船上的厕所又被称作"头",因为厕所位于船首。如果你的船有舷墙——船身上延的防护墙——那里可能也会有便池。如果你不想去这些地方上厕所,那就爬上索具,把臀部伸到船身之外(如果海上波涛汹涌,海浪直接拍在你的光屁股上的话,就别这么干了)。要记住，在船上随地大小便，污物都会流到舱底，而你很可能会成为疏通污秽的工作人员。

把船靠岸不仅是为了享用抢来的战利品，还是为了保养你的船只。图中的船长正在监督船员对海盗船进行侧斜检修。

充实你的武器库

火 力

现在你已经有了自己的船，也知道怎么保养它了。怎样最有效地运用你的船，让自己成为海上最可耻而富有的船长呢？当然是给它配足可怕的毁灭性武器，并学会最令人闻风丧胆的手段。

如果我问你，提到海盗船上的武器，你的第一反应是什么，我猜你会回答"大炮"，因为战船用大炮对射的场面实在是太深入人心了。尽管你不会想要事事诉诸大炮，但你的船上肯定也要配备某种大口径的火炮。典型的舰炮会有沉重的铸铁或青铜的炮身，后者尽管更贵，但是更轻便灵活。两个世纪前，不同种类的大炮被取了各种乱七八糟的名字，像什么隼炮、长管炮之类的，但是如今我们会根据弹丸重量对大炮进行分类，从三磅炮到二十四磅炮，以及还有更大口径的火炮。英国私掠者喜欢在他们的单桅帆船上配备三磅炮、四磅炮和六磅炮，而重型战舰或某些大型商船则适合更大口径的火炮，这些船也可能会被海盗捕获后改造成海盗船。

舰炮会放在有两组轮子的炮架上面，这被称为炮车。炮车的后轮比前轮更小，这样可以使它在有弧度的甲板上依然保持水平。两侧低中间高的弧形甲板也有助于吸收后坐力——发射炮弹时大炮受到的反作用力会使它后移。炮架上打了洞系着绳了，以便在发射后可以快速复位。所有大炮都能发射实心弹（也叫"球形弹"），尽管这并不一定是最佳选择——六磅炮的小炮弹打在坚固的船壳上只会弹开。有时大炮会双弹齐发，也就是说一次装填两发炮弹。这样可以扩大单次射击的毁伤范围，但也降低了每发炮弹的杀伤力。如果你的攻击目标不是甲板而是索具的话，你可以使用"双头弹"：用一根铁棍焊在一起的两发弹丸或是两片半球。"链弹"和它很类似，区别只是中间换成了一条铁链。你可以想象

舰炮是船上最具杀伤力的武器，它装载在炮架上，通过绳索、木块和滑轮这一套系统固定在船上。

一下这些炮弹会对绳索、索具、船帆甚至是水手造成怎样的毁伤效果。如果想要击毁敌人的船舵，双头弹也是不错的选择。直接命中就可能击裂船舵，导致船只无法继续行驶，你可以用这种方法使对手动弹不得。还有多种专为杀伤人员的炮弹，通常会被设计成在发射后产生许多在空中四散的小型铁片，就像大口径猎枪射出的霰弹一样。这种炮弹在简陋条件下也很容易制造。你可以在罐子或者布袋里面装满步枪子弹、尖锐铁片、金属废料甚至尖利的小石子。这种混合物被称为"筒弹"或"罐弹"，它对索具也很有效。

　　回旋炮是被安装在船只围栏上的小型火炮，和大型舰炮有很大区别。回旋炮最常被置于船尾。早期欧洲回旋炮是用熟铁锻焊而成的,外有铁箍加固,就像木桶一样。回旋炮中的"回旋"是指它有一个枢轴,可以旋转或抬高。有些回旋炮是前装炮,也就是说从炮口装入炮弹,而其余的都是后装炮——就是从炮尾装填。火药和炮塞一同被装入一个形状类似大啤酒杯的坚固容器里,和弹丸一起放入炮尾。后装炮在海军中非常流行,因为清洗后装火炮不需

轻型回旋炮是海盗最实用的火器之一。其最大的优势就是后膛装填,这弥补了它气密性不足以及打击力较弱的问题。这种炮通常被安放在船尾,但在这张图上,它们正被用于海岸防卫。

要把火炮拉入船内。这种炮转动方便,也可以迅速重装炮弹。回旋炮的主要缺点就是存在气体泄漏问题,这会导致爆炸产生的能量遭到损失,但它相对较快的射速能够弥补这一缺陷。另一种回旋炮是"喇叭炮",它本质上是一种固定在船只栏杆上的粗大步枪。一些船甚至配备了臼炮,这是一种粗短的大炮,能以很高的弹道发射实心弹或开花弹。它们是从海面上炮击堡垒的有效武器。

长剑与短刀：选择你的武器

光靠火力是无法夺取敌船的。登上甲板、夺取你的战利品的时刻终将来到——但是别以为会一帆风顺！你需要做好进行一场近身搏斗的准备，有许多实用的武器，你要知道该如何使用它们。你一定听说过短刀，提起海盗，人们就一定会想到它。它的刀锋不长，这使得它在狭窄空间和登船战斗中十分好用，而且它坚固的护手可以有效保护你的手掌。但是在掌握短刀之前，你需要勤加练习。我推荐你先拿上一根粗短的棍棒。用木制的沉重棍棒来练习击打，同时别忘了短刀是用来挥砍的刃器。但是学会攻击远远不够，你的敌人也会对你实行反击！因此也要进行防守训练。试着用你空着的手去抓敌人的持剑手，或者用脚踢他。当然，你或许会遭受围攻——敌船可不是绅士的决斗场——设想你在头顶挥舞着弯刀，砍翻任何敢靠近的敌人。

等你当上船长之后，你或许想要佩一把适合自己地位的长剑。这完全可以理解，但是你需要通过长时间的剑术练习，才能成为货真价实的剑客。法国海盗迪盖-特鲁安就是一名出色的剑客；他总是第一个登上敌船，还曾经在一次剑斗中击伤敌方船长，俘获了敌舰。迪盖-特鲁安爱用一把军刀，你也可以效仿他的榜样。迅捷剑？迅捷剑的剑锋细长，是用来刺击的武器，并不适合船上作战，因为你的作战空间往往较为狭窄。你可能会发现在和敌人对战时，没有足够的空间来发挥迅捷剑的优势，只能像用矛

短刀　　阔剑　　武士刀　　登船斧　　索钉

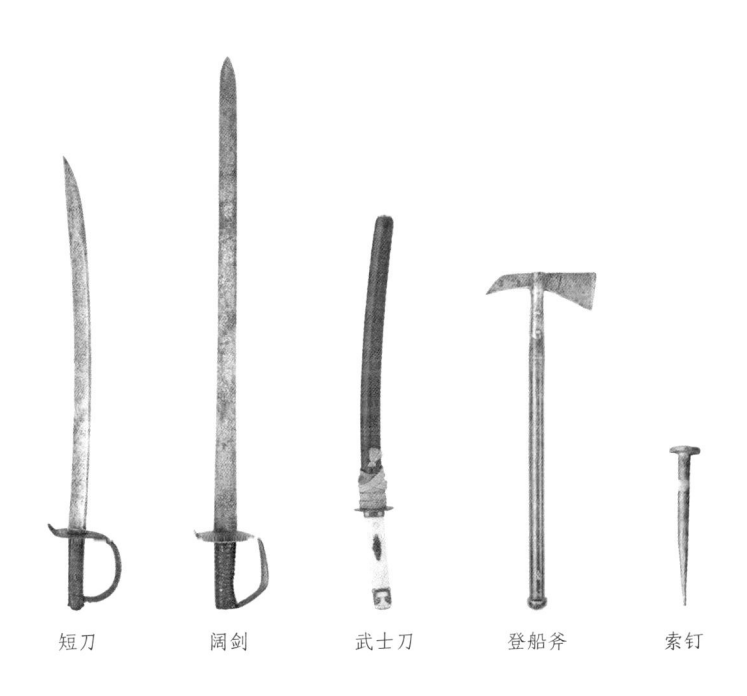

一样握着它戳人。弯刀？这是一种穆斯林爱用的有着弧形剑刃的武器。如果你经常在地中海活动，那你可能见识过这种武器，它们可以有效替代短刀。苏格兰阔剑？苏格兰阔剑宽大的刀锋会造成严重伤害，但如果是由未经训练的水手在狭小空间使用，在伤害敌人的同时，也很有可能伤到队友。最致命的刀剑是令人闻风丧胆的日本武士刀，倭寇常常佩带武士刀，但幸运的是，你不大可能碰到他们。

当你接下来读到登船活动时，我会提到使用"登船斧"。这主要是用来劈开密闭的舱室和砍断索具的，一般不用于作战，但在紧急情况下也能拿来当短刀用。你总会随身带一把小刀,但它只是工具——不过同样,当你失去了短刀的时候,小刀也可以当一把称手的武器。甚至在你用短刀作战的时候,另一只手也可以拿一把小刀。使用小刀的最佳时机是在偷袭的时候,但是我能给你一个建议吗?无论你听到过什么样的海盗故事,都不要用嘴咬着刀刃。这对你的战斗毫无帮助,而且对牙齿不好——对舌头就更不好了。

你想要更长的武器吗?登船矛、标枪和上了刺刀的步枪都是实用的长武器。

你可能还没想好自己是否需要穿盔甲。旧式胸甲可以抵挡步枪子弹,因此在船长和舵手中间非常流行,因为他们可能成为敌人的重点目标。约翰·保罗·琼斯作风鲁莽大胆,他偏爱护身甲。但是你可能会发现,在近身肉搏中,笨重的盔甲只是毫无必要的累赘。

你可能听说过海盗用一种叫"索钉"的武器战斗。严格意义上来说,索钉不是一种武器,只是一种用于解开绳索的工具。但索钉的一头非常尖利,因此如果船员起来造反,而船长又把所有的常规武器锁起来了的话,水手们会将索钉作为他们最后的武器。

各类火枪,以及如何开火

燧发枪是西属美洲的那些早期私掠者惯用的武器,尤其是对那些船上没炮的人来说。由于他们曾以猎杀野猪为业，这些私掠者都是优秀的射手。如果你船上的枪手有他们那样的好枪法的话，你的船扫清敌人甲板的速度就会和装了大量舷炮的船一样快。此时步枪的基本用法就是狙击敌方的舵手（以及任何接替他的）甚至是船长。用火枪射杀 20 个人，要比用六磅炮打死同等数目的人，给敌船带来更大的损失。精准的火力还会在敌军中造成更多的混乱和恐惧。

你或许会碰上一种被称为"火绳钩枪"或者"火绳枪"的老式火枪，但是我并不推荐你使用它。火绳枪的发射方法是，将点燃的火绳夹在被称为"蛇杆"的支架上，然后用火绳点燃火药——谁想在四处都是火药的地方看到一根正阴燃着的火绳呢？燧发枪可要安全多了。燧发枪发射时，燧石会击打火门上方的金属，产生的火花将点燃里面的火药。小型的燧发枪可以很轻松地拿在手中，但也有更大的型号：有一种甚至被称为"私掠者的大炮"。这种枪易于瞄准和射击，但是建议使用一个支架，或者至少有个能安放其重型枪管的地方。另一种极端则是喇叭枪，这种枪的枪管短，枪口处放大。它发射的子弹如散弹一般四散：这在近距离的登船战中非常实用。

如果你在船上当火枪手，你就得能在激战的压力下顺利完成装弹，身处现代的我们十分幸运，因为已经有人发明了弹药包。过去，你要从装火药的牛角里把散装的火药倒进枪管，然后再装入填料和弹丸。你要用推弹杆把装入的东西全部夯实，然后再另

手枪

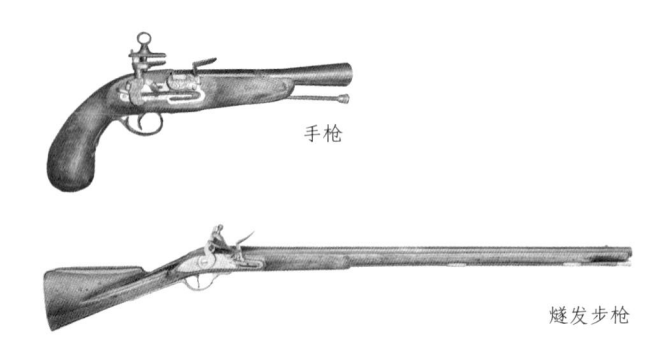

燧发步枪

外将火药倒入引火口。推弹杆必须结实耐用,如果推弹杆断在枪管里,你就完蛋了。装弹过程很花时间。但是现在你会拿到分装好的纸质弹药包,里面既有一发子弹也有适量的火药。外包的纸可以用来做填料,保证装入的子弹足够贴紧枪管。一些私掠者会用枪尾用力敲击地面,以此加快装弹速度。这么做可以使火药进入引火口,这样就不用再往引火口加火药了。

步枪的有效射程非常短;只有250码*。只要你命中目标,在这个距离上就足以使敌人毙命了,但也有反例,比如戴维斯船长,他在与葡萄牙人的战斗中,身中4弹仍在战斗。第5颗子弹将其射倒,而敌人割断了他的喉咙,确保他真的已经死了。不用说,在颠簸的船只上开枪更不易命中。你在动,你的目标也在动。英国商人纳撒内尔·乌林曾经枪口脱险,法国私掠者的火枪手在摇晃的船只上向他发射了7发子弹,一发未中。如果是在风平浪静

---

* 1 码 = 0.9144 米。

的海面，那他必定会死在枪下。当然，你可以每次射击发射两颗子弹，或者使用霰弹，霰弹射出后会漫天飞散，总能打到什么东西，尽管这不一定致命。你一定要经常擦拭武器，保证它们状态良好，而聪明的海盗会任由黄铜配件晦暗，这样武器就不会反光，目标（敌人或野兽）不会因此发现你。但是要当心武器生锈。如果武器肮脏生锈，你会受到船长的惩罚，因为在战场上使用一件毫无用处的武器会将你的战友置于危险境地。

手　枪

手枪是一种高效的近程武器。它的外形很像小型步枪，并且和步枪一样，你每发射一次都需要重新装填子弹。当然，在登船抢劫的过程中，你可能没有时间重装子弹，所以子弹用尽的手枪除了当棍棒用之外毫无用处。因此，一些海盗会在自己腰间或者肩膀上佩带多把手枪。黑胡子总是随身佩带6把手枪，在所有手枪的子弹都用完之后，就用短刀和敌人搏斗。我听说一些海盗把手枪子弹用完后，就把枪扔向敌人，我觉得这会浪费一把好手枪。为什么不像黑胡子那样用一条细绸把它们绑在腰间呢？好用的手枪难得且价格不菲。

独创性的爆炸物

印度、中国和日本的海盗团伙的武器别具一格。他们有的仍然使用弓箭,可不要小瞧了这种过气武器——你给火枪装一次弹的时间,够优秀的射手向你射12支箭了,而日本海盗尤其喜欢火箭。他们甚至发明了一种大口径火枪,用来发射带有皮革箭羽的木制火箭——别忘了这可能会在船上引发火灾。如今,训练有素的弓箭手不多见了,这也是西方海盗更青睐枪支的原因之一。除了弓箭、枪炮、刀剑和长矛之外,东方海盗还有一系列精巧的武器。其中最有创意的是他们用于擒拿的武器,他们会用头部装有钩子或者倒刺的长杆捕捉远距离的敌人。还有一些擒拿器的外形酷似长矛,但有两片交错的长刀片,指向矛柄,如同两把镰刀。另一种擒拿器像鱼叉一样,有三根笔直的尖刺。还有一种类似的长柄武器,带有"熊爪"般耸立的尖刺。这两种武器的尖刺都装在长杆上。最后我们要特别提一提"缠袖枪",这种武器的枪头上面全是尖刺,枪杆上部8英寸[*]左右部分也布满尖刺。一定要离日本战舰远一些!

中国人和日本人都非常擅长制造爆炸物。对于我们来说,火药的主要用途是发射炮弹,但是火药也可以用来制造炸弹。这种

---

[*]　1英寸 = 2.54厘米

炸弹由两个空心铁质半球组成，里面填充了火药和许多铁片，两个半球合并之后，外面要裹上层层厚实的日本纸。有一根导火索直通弹心，导火索的长度决定了引爆时间，炸弹外连着一根绳子或者细线，这样就可以捡起来再丢出去。这种炸弹既是一种反人员武器，也可以用来点燃木船。

手榴弹的一个简单例子，它可以扔向敌船甲板。有些还装有可以制造致命烟雾的物质：焦油、硫黄、煤灰、水银和其他有毒物质。

我们也有类似的装置，只是使用得没那么广泛。我们管这种装置叫手榴弹。手榴弹扔到敌船甲板上，受到冲击后爆炸，炽热的金属碎片会四处飞舞。尽管那些自称为掷弹兵的勇敢士兵会将手榴弹放在袋子里随身携带，但你最好还是把它们放在甲板上牢固的箱子里，等到要进行突击的时候再拿出来。掷弹兵要用牙齿撕开导火索的保护纸，点燃导火索，用尽全力将手榴弹扔向远处。这是一项危险的工作。但是更危险的是扔自制炸弹——填充有火药和尖锐金属的玻璃瓶。准确投掷自制炸弹是一件很难的事情，而最理想的投掷方法是将它们从枪眼或舱门扔出去。

罗马帝国晚期的水手充分利用了一种名叫"希腊火"的混合物，它是用一种来自阿拉伯中部的黑色油性物质制成的（准确的配方被严格保密——正因为过于严格，如今配方已完全失传了）。

希腊火在船上引发的混乱。

你现在还能够看到很多希腊火的变种，这是一种令人闻风丧胆的武器，这种火油无法被水扑灭。事实上，它似乎就算浮在海面上也仍能熊熊燃烧。因为我们无法获取这种天然的火油，我们就只能就地取材制作"火弹"——塞满可燃物质的陶器，它们可以被扔在敌船甲板上面。如果这种炸药中沥青和干性材料的比例适度，可以在甲板上引起一场大火。另一种新奇的炸弹是"臭弹"，这种炸弹里面不是可燃性物质而是臭气熏人的物质，比如动物粪便。它们一定会分散敌人的注意力，让敌人恶心不已。

现在你已经知道了我们海盗喜欢使用哪些武器，并且也学会了如何使用这些武器；让我们来看看这些武器在攻击敌船或者掠夺海岸时该如何发挥它们的用武之地吧。

— 5 —
海盗在行动

终于等到这一天了。几个月以来,你埋头苦干,刷甲板、操作索具,闲暇时操练棍棒,终于你看到一艘船出现在地平线上,抢劫的时机到了。快通知你的船长!是时候夺取战利品了。

在公海捕获船只

对海盗而言,干这一行最大的动力就是在公海捕获一艘船,大肆掠夺一番。海上的这些掠夺者不管用什么名号称呼自己,他们的目的都是同样的。但是在采取行动之前,你必须仔细评估自己的船是否安全,因为一旦运气不好,你就可能失去一切。所以让我们来仔细看看你的抢劫目标。它大概率是一艘商船,最好还满载着宝藏。如果你认为商船船长会对海盗袭击不做任何准备的话,那你就大错特错了。商船一般会定期聚在一起,组成一支护航船队，这意味着这些商船会得到战舰的保护。已知的护航船队可能会有多达 80 艘商船，这样的船队十分壮观。这样壮观的队伍会让海盗胆战心惊——但这同样是一种巨大的诱惑。现在，几乎所有的东印度宝藏船都在护航队的保护之下航行，这种航行方式能够有效应对海盗袭击，因此，即使是那些一直以来处于敌对状态的国家，它们的商船也会组成船队。护卫舰的船长一般是经验老到的海员，在抗击海盗袭击方面经验丰富。他们尤其会注意风向；如果船队中有足够的护卫舰，就会让一两艘护卫舰驶向船队的上风处，这样如果发现海盗船从下风方向靠近船队，它们就可以迅速进行应对。其他的护卫舰会和商船保持一定距离，有时甚至会航行在地平线之外。等到海盗船一出现，它们就出其不意地进行打击。

一幅 17 世纪的版画，描绘了皮特·海恩带领荷兰西印度公司的舰队成功虏获西班牙盖伦帆船的景象。如果你也有他这样的舰队，那对付护航船队肯定不在话下。

海盗船长通常只在率领庞大船队的情况下才会袭击护航队，那如果你只有一艘海盗船的话该怎么办呢？或许最好的建议是调转船头，寻找其他目标——但其实还是有机会的。很多时候护航队里的一两艘船会掉队，甚至还有些掉队的船会在船队的下风侧，这种情况下，它们一旦遭遇不测，船队就很难救援它们。此时抢劫的秘诀就在于找到掉队的船只。1637年，一艘英国海盗船（船长姓名未知）在一支由52艘船组成的护航队附近，捕获了一艘西班牙船。英国海盗花了半个小时就取得了胜利，在西班牙护卫舰有所行动之前，载着战利品离去。

但有时候，护航队雇佣的护卫舰是像你一样狡猾的私掠者，那你就有麻烦了。私掠船船长也会收取高额报酬来保护船队。他不会允许别人来破坏自己这趟报酬颇丰的任务。你也最不应该攻击另一个私掠者，因为这将是一场不分上下的战斗——尽管私掠者彼此间的战斗时有发生，但这大多只是意外，双方都误把对手当成了容易得手的猎物。不要犯这样的错误。告诉你自己，其他地方会有更好的宝藏。

如果你非常幸运，或许能够遇到一艘独行的商船，但就算是这样，在决定发动袭击之前，你也需要考虑一些事情。显而易见，最重要的是区分商船和有武装的海军战舰。海盗基本准则：不要招惹海军。尽管一些商船也会武装自己，但它们对你而言不可能造成大人的威胁。商船船员都是水手而非士兵，他们没有接受过作战训练。

首先观察这艘船的甲板；商船的甲板很可能会堆着高高的货物。如果船员想要作战，就需要清理甲板，这会花费很长时间。他们船上或许有大炮，但也很可能已经被拖走了，好腾出空间放货物，把大炮拖回炮位同样要花很长的准备时间。但如果船长被逼急了，他会让船员扔掉一些货物，来给大炮让路。无论如何，商船的火力都会比你的弱得多，哪怕你开的只是一艘配备了回旋炮的小型单桅快船。

荷兰商船（右）与战舰（左）。

商船船长很可能一发现你就试图逃走，当你外形流畅的单桅快船追上他的船时，他可能会很难说服船员与你交战；有时船员会不服从命令，拒绝战斗。在这种情况下，船长别无选择，只能投降，你或许还会有宝藏之外的额外收获：让一些经验丰富的水手加入你的海盗团队。另一种情况是，船长会命令船员寻找密闭空间，把自己关在安全的地方，比如舱室，指望着海盗在将船上财物洗劫一空以后，就会放过他们。这是一种破财免灾的办法。如果它是护航队中走散的船只，那么这是一种有效的方法，因为可以指望护卫舰来解救它。类似的策略是将船搁浅在岸上，以求海盗能够离开——在陆地上抵御海盗袭击比在海上更容易些。海盗需要让船员驾驶小船前往岸边，对于已做好防御准备的一方而言，这些海盗是很好的靶子。试着从受袭商船的角度来思考这一切。拿起武器是他们最后的手段。

惊喜，惊喜！

想象一下当瞭望员在高台上的喊声"有帆！有帆！"传来的时候，船上会是怎样一番沸腾的景象。

是的，发现的是船，但瞭望员喊的是"有帆"而不是"有船"，因为地平线上只能看到船的船帆部分。你还不知道这是艘什么样的船。如果你非常幸运，发现新船的时候正好背对阳光，那么你将会获得很大的优势，因为潜在的受害者或许还没有发现你。目光尖锐的瞭望员会得到船长的丰厚奖赏。相反，疲倦甚至是醉酒的瞭望员看到的船可能会是一块大石头或者一头死鲸鱼，甚至那里可能什么都没有。尽管这可能只是无心之失，但他在海盗团伙中干不了太长时间。著名的法国私掠者迪盖-特鲁安曾经在浓雾中，自以为看到了一艘由15艘荷兰商船组成的船队，直到浓雾散开后才发现它们都是战舰——他只得匆忙撤退。

瞭望员关于船只数量的情报，可以帮助船长做出下一步决策，但是首先海盗船需要靠近潜在猎物。一旦确定了陌生船只的位置，一场追逐就要开始了。现在，船长最要紧的事就是判断敌船的作战能力，如有可能，他还应证实自己的判断。一些商船会在船身两侧画上假炮门来吓退攻击者。它也可能表现得很友善，愿意与别的船交流新闻与消息。做好万全准备极其重要。瞭望员看到的船可能是一艘海军战舰，若是如此海盗船就必须立刻进入战斗状态，以防自己受到攻击。而如果抢劫的时机来临了，海盗船就必须成为一台战争机器。

亮出你的旗帜——或者不这么做！

那么，当你为了确认这艘陌生船只的情况而驶近时，会发生什么呢？这是一艘商船，还是一艘战舰，抑或是海盗同行的船？如果你没看到甲板上堆积的货物，就需要通过船的旗帜来进行辨识了。辨认出你看到的旗帜是什么非常重要。你看到的是东印度公司的旗吗？攻击东印度公司的船只往往是最不明智的选择；这些船装备精良，惯于对付海盗，并通常能够得到大量支援。最重要的是，你不能把旗帜搞混了。英国水手曾经将法国白旗误认为投降白旗，这可是个严重错误。1665年发生了类似的意外事件，一个眼神不好的法国瞭望员误将打着白旗的英国船当成了友方船只。英国人因此获得了奇袭的机会，利用对手的错误夺取了这艘船。荷兰船打着他们的三色旗，西班牙的旗帜则十分复杂。因此除了锐利的目光之外，你也要具备足够的知识，能识别出自己可能遇到的旗帜。

私掠者可能会打出其赞助人的旗帜；骄傲的英国私掠者会挂英王的旗帜。尽管在和皇家海军同行的情况下，他们不被允许这样做。而牙买加的私掠者无论何时都挂英王旗帜。红旗是海盗船常用的一种旗帜。红旗的含义通常为二者之一：第一，如果计划袭击的船只拒绝了你的好意（即如果他们投降就可以免他们一死），高举红旗表示自己将不会手下留情，臭名昭著的基德船长只用这种红旗，上面没有任何图案，这种旗帜被称为"血旗"；第二，爱好和平的船也曾经用过类似的红旗，但现在红旗总是和"海盗"联系在一起。私掠者船长们希望能够扬名，所以很多人的红旗上会有自己设计的图案。

所以是哪些海盗在用最著名的骷髅海盗旗呢？这自然是最著名的海盗旗，在它的黑底上画着白色的骷髅头和交叉的骨头。其实很多人用的旗子就是朴素的纯黑旗，但是亨利·艾弗里的确用过骷髅旗，还给骷髅扎上了一条神气的大手帕。黑巴特则更进一步；波士顿的一家报纸称，黑巴特驾着一艘船驶入了纽芬兰的港口，他的船桅上飘扬着英国的旗帜和一面画着短刀和"死人头"的黑旗。他对身为一名海盗感到非常骄傲！

但我们会遇到一个问题，即遇到的船可能会挂上假旗帜。瞭望员看到的船十有八九什么旗都不会打；飞扬的旗帜会让船速变慢，而且悬挂旗帜的船只在暴风雨中容易损毁。一艘船只有在与其他船非常靠近时，才会打出旗帜，这也是欺骗敌人的好时机。船长可能会想要虚张声势，假装自己的船是一艘令人生畏的战舰，以此避免遭到袭击；全副武装的战船也可能装成一艘弱小的船，以诱使海盗发动袭击，好乘机将其捕获。大多数海盗会在船上存放各种旗帜，好故意欺骗敌人。但关于这种花招有不成文的规定，无论你用什么样的旗帜欺骗别人，在发动袭击之前一定要将真正的旗帜亮出来，这是一位有荣誉感的海盗最基本的原则。最极端的情况下，你甚至可以在所有大炮都装填完毕、准备开火时，才挂出你的旗帜。在这种情况下，对方可能会向你试探性地开火；这是在要求你挂出自己真正的旗帜。1694 年英国人俘获迪盖-特鲁安时，他们指控他在升起他的旗帜之前就向他们开火，而特鲁安回答说，他只是在展示自己的实力，他说的可能是实话。也有很多海盗船会违反规定，他们发动袭击的时候，不挂任何旗帜——毕竟，我们不以诚实闻名。

各路海盗船长们用过的凶狠旗帜。旗上的魔鬼、沙漏、短刀，当然还有骷髅与交叉骨，都意味着看到这些旗的人死期已近了。

所以单单从旗帜来推测一艘船的意图可能并不明智。很多海盗船长并不会为旗帜所骗，因为欺骗行为太过普遍了，事实上挂上真实的旗帜会带来问题——这种情况并不少见！因此，一般的法则是你不能光靠旗帜分辨船只，除非在两船近距离交战的时候，不过此时要改变航向可能也为时已晚了。

追，还是不追？

发现了猎物，确认了它的旗帜、吨位和轮廓，你的船长已让全船做好行动准备了。那么现在你会去追这艘船吗？或许更聪明的办法是让这艘陌生的船只向你靠近。船上的船员可能和你一样好奇，既然如此，为什么要冲向他们呢？相反，不要让他们怀疑你的船是一艘海盗船，让他们向你靠近，然后再打出你真正的旗帜。你还可以再狡诈一些，假装自己的船身陷危难之中，不过大多数船长不会上当受骗，尤其是在他们航行于海盗经常出没的海域的情况下。对船进行伪装是更好的策略。你可以将上桅降低，假装是一艘商船，然后让大多数船员藏在甲板下面，这在你遇到了一艘货真价实的商船时效果最好——但假如你遇到的也是一艘海盗船，那就会出问题了。

当然，更莽撞的选择就是展开追捕了。卸下所有伪装，期望

一场典型的海上追逐：一艘海盗船紧咬着它的猎物，船员们热切地打量着目标。

你所追逐的是一艘货真价实的商船，然后径直向其驶去。当对面的船长看到你驾着一艘做好了战斗准备的船向他逼近时，他就知道接下来会发生什么了。不管你挂的是什么旗，他都知道你是一名海盗，所以不妨直接把骷髅旗挂上。勇敢些的船长会展开所有的船帆，直冲向你，试图将你吓走。若他没有这么做，那么一场追逐会就此开始，双方船长的驾船技巧在很大程度上会决定结果。受害者可能会使用极端措施，比如抛弃货物加快船速。你的对手可能只是在拖延时间——夜幕降临后,在黑暗的掩护下,他们更容易从你手中逃脱。他们会熄灭船上的每一盏灯,希望你能够从他们身边穿过。一些人甚至会在一艘小划艇上面放一盏灯引开你的注意力。这将是一场难熬的游戏,一名积极主动、经验丰富、值得信赖的舵手将是你的宝贵财富。

露出獠牙

这一刻终于到来了。你已经靠近了猎物,你的旗帜也展示了你卑鄙的意图。受害者现在知道将要发生什么,你发射一枚炮弹越过他的船头,他知道这意味着什么,如果一切顺利的话,他会立即投降。如果他没有选择投降,你就得和他打招呼,尝试进行联络(如果仍没有回应,就再度开火,因为这显然不是友方船只)。你的目标会说什么——以及你会问他什么问题?你可以自行判断对方的回答是否真实。交流可能从一开始就充满敌意,尤其是在双方船长都料想到了战斗的情况下。如果你非常自信,你可以命令对方降下上桅帆——公认的投降信号。如果不使用这种方法,你需要寻找其他方式维护自己的优势。

谈判：和平解决方案

我再怎么强调不战而屈人之兵的重要性都不过分。你的船员非常宝贵，你要掠夺的船上的船员也是一样。如果你在追逐过程中，表现得非常凶狠和坚决，彻底吓坏了你的猎物，并且让他们看到了你令人生畏、全副武装的船员，那么通过协商让他们投降就并不复杂了。他们的船长会寻求和谈，如果你接受的话，就可以划向敌船，开始谈判。也可以让对方船长划到你的船上；给他们一个机会，让他们近距离看看你的船有多可怕。

要想使我方显得更加可怕，可以略施小计，虚张声势：让你的海盗船员来到甲板上，全副武装，酩酊大醉，动作吓人，疯疯癫癫，又跳又叫，羞辱商船船员。大多数海盗船上都有乐手，整船海盗都在甲板上表演疯狂的战舞，没有什么比这更能显示出你对于胜利强大的信心了。任何潜在受害者都不会想到，这可能是发动反击的最佳时机。相反，所有人都会表现得非常害怕，更容易在谈判中屈服。

假装醉酒不是唯一使敌人迅速投降的方式。某个名叫乔纳森·哈罗登的人曾经接近一艘英国船只，并且要求船长5分钟之内投降。他手拿一根点燃的火绳，站在大炮一旁，等着敌船挂上白旗，立刻将敌船捕获。英国人不知道的是，他的威胁只是一种恐吓的手段。如果他发射了炮弹，那将成为他射出的唯一一颗炮

虚张声势：一帮闹哄哄的醉酒海盗能有效吓住敌人，只要你的人别忘了自己的目的。

弹,因为船上没有其他弹药了。

袭击船只

当然,谈判有时也会破裂,那就该战斗了。海盗船长会让船做好战斗准备,下令"升起吊床,把箱子搬下去",意思是所有可能会妨碍作战的东西都要收起来。船上的临时分隔将会被撤掉,甲板将全部清空以备作战("从头到尾,清空甲板!"),各个战位做好准备("带上轻武器到后甲板去,各就各位!")。每个人都需要知道自己的位置:在一望无垠的海面上漫长的海上生活里,你会接受相关训练。你要把你的吊床铺到舱壁上,以防被炮弹击中后木屑四处飞溅。所有窗户必须关闭,甚至还要关上"风暴盖",确保其彻底密闭。你或许还会接到命令,要帮忙将长长的布匹沿着船上的扶手挂起来,让你的战友躲在后面奇袭对手(如果你们之前没有进行虚张声势的话)。火枪手会把武器箱带到甲板上,而木匠会站在一旁,随时准备修理战争中船只受到的损坏;船的两侧不要摆放物品,好让木匠处理紧急情况,这非常重要。如果船身穿孔,木匠还要用泵抽水。随船医生(或者厨师)要随时为肢体重伤的船员做手术。

收放船帆非常重要并且非常复杂,需要水手长的指挥。他

一艘挂着骷髅旗的海盗船,与一艘英国船正面交锋。

会告诉你要怎么把船帆吊起来,使得固定它们的装置不易被击中——如果发生了这种事,帆就会掉在正在激战的甲板上。船长会命令船员"扬起战帆",意为让尽量少的人驾驶船只,这样就有尽可能多的人能参加战斗。无论发生什么,都要赶快行动!你和船员的身家性命都取决于你的行动。海盗突击的发展大致为以下三种之一:

追逐战

两艘船在追逐的过程中进行战斗。一艘船就在另一艘船后面;如果你是被追逐的那艘船,把尽可能多的大炮拉到船尾。轻

海战正酣时的混乱景象：数艘巨型盖伦帆船舷侧相对，枪炮齐发，而落海的船员正紧抓着漂浮在海面上的船骸。

武器在这种情况下也非常有效,尤其是在有机会登船的情况下,所以你也要随身带上轻武器。

侧舷对射

大型商船的船长或许会认为,自己的船的侧舷要比你的更坚固,能够承受更大的损伤,因此会稳坐不动,采取防御姿态,承受你的攻击,直到你筋疲力尽。这场消耗战将只能由意外结束——例如,任何一艘船的火药库被击中并爆炸。如果两船靠得非常近,实心弹可以轻易打穿1码厚的木板。这样的近距离战斗也会给有神枪手的船带来优势,这些射手可以在高高的索具上射杀甲板上的敌人。舵手或者船长被打死的话,船就群龙无首了。勇敢的袭击者也可以派遣船员驾驶小船向目标靠近。决心要拦下敌船的小船船员甚至可以去卡住敌方的船舵,这样它就难逃一战了。这种近距离的交战可能持续数小时,因此船长必须制定严格的纪律。

海　战

这是最典型的海盗战斗方式,两船就像两位赤手空拳的战士,都想占据优势,从最有利的位置攻击对手。他们会一次又一次地进行机动,把自己的船调整到最佳位置,发动攻击,对手也不甘落后。这个时候优秀的航海技术和精湛的炮术同等重要。这是一场你死我活的战斗，很可能会以其中一艘船的船员登上另一艘船告终（我们之后会再讲到登船）。

准备战斗

战场已经确定，是时候准备了。如果你是船上的炮手，你会发现自己在整场战斗中都十分忙碌。你要打开炮门，把大炮向外摇，让炮管伸出船外；为了防止海水进入，炮门可能已被封住，在这种情况下，你需要猛击炮门将其打开。小心翼翼地检查大炮。轮轴是否上了足够的润滑油？良好的润滑对于大炮而言至关重要。最重要的是要确保弹药干燥。你需要在每门大炮旁边摆放好：

- 带海绵的推弹杆
- 推杆和撬棍
- 火药角和引火线
- 螺杆和长勺，用于从炮管中取出哑火的弹药筒
- 用于收集散落火药的木桶（以皮革为内衬）
- 火绳杆（准备开火时，点燃的火绳会缠在这种长杆上）

每两门炮之间要有一个盛满海水、装有海绵的桶。放在别处的弹药筒要搬到大炮这里，火绳要放在船中央，每4门炮要有1

桶火绳。万事俱备，只待船长发表一通激动人心的演讲，称赞你们的表现，提醒你们在即将到来的战场上，所有人都要团结一致共同作战。然后每个人都会分到一杯镇定精神的朗姆酒。这种场景下一段简短的祈祷最合适不过。当你接近目标或者目标接近你的时候，乐手会再次奏乐，两船逐渐靠近时，还会爆发阵阵欢呼。

战斗一开始炮声就会响起。但是你最好打消用舷炮（无论火力多猛）击沉敌船的念头。一艘看起来千疮百孔、船桅折断、船帆损坏的船还是可以缓缓地航行的。靠用实心弹击穿船身来击沉敌船的可能性极低。但是实心弹会在其他方面对船只造成毁灭性的伤害。即使没有击穿船身，大炮的威力也一定会使木头的碎片在船内部四散，扎在毫无防备的炮手和其他人身上。你能够忍受倾盆而下的尖利橡木碎片吗？这种炮击会对人员众多的船只造成重大打击，使其失去行动能力，在不将船击沉（会因此而丢失宝藏）的前提下让其退出战斗。

当两船靠近时，步枪、短刀和长矛也会有用武之地了，这些武器同样用于杀伤敌人，而非击毁船只。战斗的场景非常血腥，潘特罗·潘泰拉对这样的场面的描绘最为生动，他曾经在地中海的桨帆船上战斗过。他这样写道：

> 人四肢上的可怕伤口是由铁与火（陆地上的战斗中，火没这么可怕）造成的，放眼望去，某个人被撕成碎片，同时另一个人又着了火，这个人被淹死，那个人又被火绳钩枪击

如何开炮

要将大炮的杀伤力发挥到极致，就需要团队协作，每一个炮手都要明确自己的职责。弹药手要把弹药筒交给装填手，装填手要将弹药筒装入炮管，用推弹杆将其推到炮管底部，再装入弹丸和用于固定弹药的填充物。大炮装填好后，作为炮长的你就可以按以下顺序发令了：

- 取下炮口帽塞。炮口帽塞是堵住炮口的塞子。直到开炮前的最后一刻，都要用炮口帽塞堵住炮口，以保持炮管内部尽可能干燥。
- 卸下引火孔外的铅衣，拉出里面密封引火孔的油绳。
- 通过细孔刺穿弹药筒，小心地用火药填满细孔。用火药角把大颗的火药捣碎，然后把火药角放到一边（在发射的时候，你还要再遮住细孔）。
- 让其他炮手将炮管伸出炮门。
- 瞄准：让炮手用推杆和撬棍把大炮调整到合适的位置。影响射击效果的关键要素在于你瞄准的是敌船的哪个部位。用侧舷炮对敌方船尾开火，要比你射击敌船的侧面有利 10 倍，因为这意味着敌人只能用回旋炮来对付你。
- 判断射击时机：注意海面的波浪和两艘船的相对位置。
- 拿好火绳杆（让人能在安全距离持有火绳的木杆），用火绳杆敲击火绳桶，去掉火绳上的灰烬，让灰烬掉落水中。然后用点燃的火绳引燃引火孔外的火药，不要直接去点引火孔——安全第一！
- 大炮开火的时候，后坐力可能会使其猛力后撞。站开一点！
- 用你的大拇指盖住引火孔，防止喷涌而出的热气点燃遗留的火药。
- 让炮手清理炮管，用推弹杆上的海绵将炮管擦洗干净，熄灭遗留在炮管里燃烧的余烬。

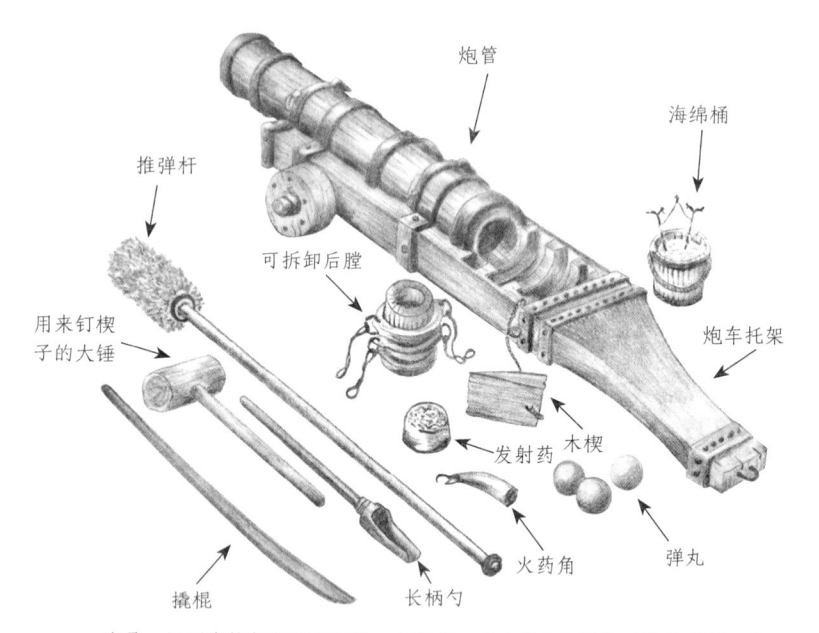

这是一门固定炮架版的后装炮，后装炮一般会作为回旋炮安装在船尾。它的后膛是用锤入的木楔固定的。

中，还有人被火炮炸得粉身碎骨，下场凄惨。最恐怖的是，眼睁睁地看着船只连同船上的船员一同被大海吞没，毫无生还机会，或是看到船员活生生地受着火烧的煎熬，凄惨地沉入海底，海水被鲜血染红，海面上浮着船员的四肢和沉船的残骸和碎片，这也同样可怕。

你需要担心的不仅仅是敌人；船员还可能因为自己的枪炮起火或弹药筒意外爆炸而烧伤。无论是什么造成的，遍地尸首的场景足以让船员士气低迷,所以尽管尸首可以吓到敌人,但最好还是将它们掩藏起来。而当激战正酣时,可能无法做到这一点;支离破碎的躯干和肢体是炮战不可避免的结果,因此你得坚强。

登船技术

登船开始时,双方船员应该都做好战斗准备了,除非海盗方此前一直隐藏自己的身份,假装自己是一艘友好的船只,而且也没有进行炮火准备。否则,攻击者的意图会非常明显,他们会制造喧嚣的炮火和模糊的烟雾,而机动到合适的袭击位置也需要时间。选择登船的位置至关重要。在船侧或船腹登船最佳。不建议在船尾登船,因为船尾装有回旋炮,而且船尾更高。或许船长会选择发动夜袭,打对方一个措手不及,但夜袭带来的混乱对袭击者和被袭击者的影响一样大。为了建立通往敌船的通道,要用带长绳的铁钩钩住敌船,如果舵手经验丰富,也可以操纵船让船首斜桅(从船头伸出来的桅杆)成为可用的登船通道。

在大型团伙中,船上一般还会有专门的登船队。从一艘船跳到另一艘船上并不简单,因为两艘船可能剧烈地上下摇晃,而一旦两船突然分离,之间的绳索被扯断,登船行动就会失败,那些刚登上敌船的人还会滞留在敌方甲板上。风险巨大,但你或许会想成为先登者——这会得到丰厚的奖赏，还可以从缴获武器中挑选自己想要的。这样你不仅能够获得自己应有的分成，还可以得到额外的奖励——前提是你能活到那个时候。现在，是时候拿起你的手枪、短刀，去粉碎敌人的防线了，你可能还要带上一把斧头，甚至手榴弹。队伍中其他人可能带着步枪或者喇叭枪，一些专业设备也是十分必要的，比如用来钉住敌方大炮引火口、使其无法开火的楔子。

海盗带着武器爬上一艘西班牙盖伦帆船。这是非常困难的，因为在爬上敌船的过程中，你自己的船会不断晃动，而敌人占有高度优势。

登船以后，你的船长会根据敌船船员部署决定将要攻击何处。敌人可能会躲到甲板下面或者把自己锁起来，也可能会留在甲板上同你们作战。在后一种情况下，你们需要尽可能地将火力投射到对方的甲板和索具上，在你们的登船队登上甲板前就将上面的人清理干净。战场上会有很多硝烟，但你们的火枪手必须能够在浓烟中辨认并处理危机。至于手持短刀的你，则要在和敌人接战前，用刀砍开阻止你们前行的渔网或布匹。

如果敌人躲在甲板下面，他们就可以轻松发动反击，正如法国私掠者让·杜布莱在袭击英国船只时所发现的那样。他用手榴弹清理了甲板，但突然有一支喇叭枪透过枪眼向他射击。虽然子弹打偏了，但是一扇门随之开启，门内射出了更多的子弹，随后敌人手持短刀冲了上来。尽管那次袭击非常阴狠，但他仍然存活了下来！

被登船的船只或许早有准备，有时间在至近距离上进行最后

一群英国私掠者与受害者进行了一场肉搏战；注意右下方那个把手枪当棍棒用的人，这是一种典型的使用方法。

受到海盗袭击的船员可能拼命逃到甲板下，试图在船体的掩护下等待投入战斗。

一轮齐射,而且因为船员都躲到了安全地点,他们可能会引爆甲板上的炸弹袭击登船者。不过被困的船长通常不会把船员的安全放在首位;我听说过福尔班伯爵被荷兰私掠者袭击的故事。这位私掠船长不让自己的船员躲到安全的密闭空间,而是将他们都锁在了外面,他的部下失去了退路,别无选择,只能殊死搏斗。

无论玩什么把戏,结局都会非常血腥。你一开始会用手枪,然后换成短刀(因为没有时间重装子弹)。小心脚下,敌人可能在甲板上洒豆子让你滑倒,或者洒铁蒺藜——这些铁钉非常险恶,总是有一根刺朝上。踩到这些东西会让你慢下来,你会因此成为容易被射杀的静止目标。

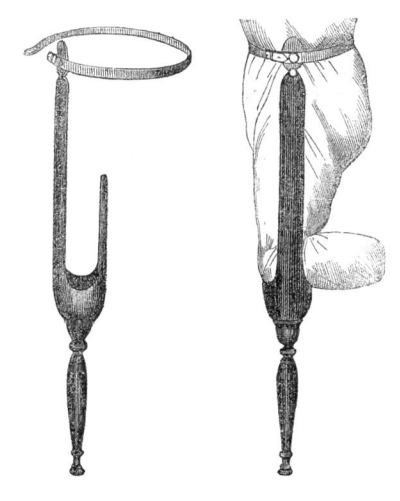

然后就是肉搏战,我说得再多也帮不上你什么忙。就想一下战斗的后果吧:肢体被砍断,头部震荡,可怕的刀伤和枪伤。医生会竭尽全力进行救治,但如果肢体伤势严重,那唯一的办法就是截肢——因此你常看到老水手支着木腿走路。交战除了会死人之外,还有丢失宝藏

在每个人的印象中,海盗都用木腿走路(当然还有眼罩!),但是伤员常常在截肢期间丧生,所以有一条木腿的海盗相对而言还比较幸运。

的可能，船上的货物可能被意外烧毁，或者被下定决心要挫败你们卑鄙企图的船长故意丢到海里。这也是为什么大多数海盗船长更愿意选择谈判……

让我来给你讲讲在海盗船甲板上发生过的最著名的战役吧，以此作为这一节的结尾。这艘船是由黑胡子指挥的单桅快船"探险"号。1718年11月22日，"探险"号在北卡罗来纳的奥克拉科克岛附近遭到两艘船的意外袭击，指挥这两艘船的是皇家海军的罗伯特·梅纳德上尉，他手下一共有60多名船员。黑胡子切断锚索准备逃离，但还是被咬住了。于是在那个无风的清晨，他的船员英勇地和敌人展开了战斗。他们先用炮火覆盖了敌方甲板，

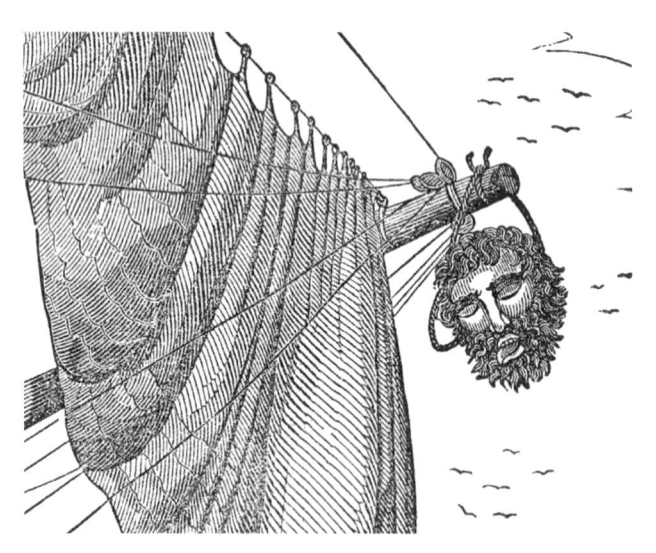

黑胡子的头悬挂在罗伯特·梅纳德上尉的皇家海军"珍珠"号的船首，作为战斗胜利的证明（他因此有资格获得奖金）。

认为这些海军战舰已经失去了战斗力，但当黑胡子的手下登船时，却发现自己受到了伏击，船上的水手在甲板下面躲过了首轮炮火，现在又重新回到甲板上。伏击战使得海军战胜了臭名昭著的海盗船长，他们把"黑胡子"的头颅挂在了战舰的船首斜桅上面，宣告他们的胜利（并有效地警告了任何潜在的劫掠者）。

抢夺和囚犯

如果船上留有宝藏，只要是海盗，就会抢劫猎物。袭击东印度公司的船一般能得到丰硕的战利品：香料、黄金和布料。船上或许会有一个钱柜，里面还会有海图、地图和航海仪器。好地图和好海图非常珍贵。航海日志也非常宝贵，上面会标识危险地点的位置。1681年，巴塞洛缪·夏普捕获了一艘西班牙船，船员准备将西班牙人的航海日志扔到海里。夏普注意到了西班牙人看见他拿到日志时的哭泣，因为日志中的信息将有助于他发动新一轮袭击，他又将其拿了回来。

把新帆收起来，存放在甲板下面是值得提倡的做法，更别提食物和饮料了。袭击成功的海盗在胜利的鼓舞下会在敌船上见到什么就喝什么，除非船长阻止他们在远离其他危险（比如护航队的护卫舰）前这样做。缴获的货物（如糖和奴隶），必须卖出去换成现金，但这样做之前，船长需要找到一个友善的港口。"海盗天堂"应运而生。"海盗天堂"指的是你出售或交换货物时，没有政府干涉也无人过问其来历的地方。新普罗维登斯就是其中之一，但在1718年海军突袭后，这个港口被迫关闭了。如果没有卖掉货物的渠道，那么得胜的海盗只会关注食物、饮料和钱财，沉迷于小小的掠夺之中，然后把其他所有物品全部扔下船去。

私掠者的战利品管理有着严格的规定。由于私掠者是在为政府或公司工作，因此所有（至少理论上）战利品都要上交给资助

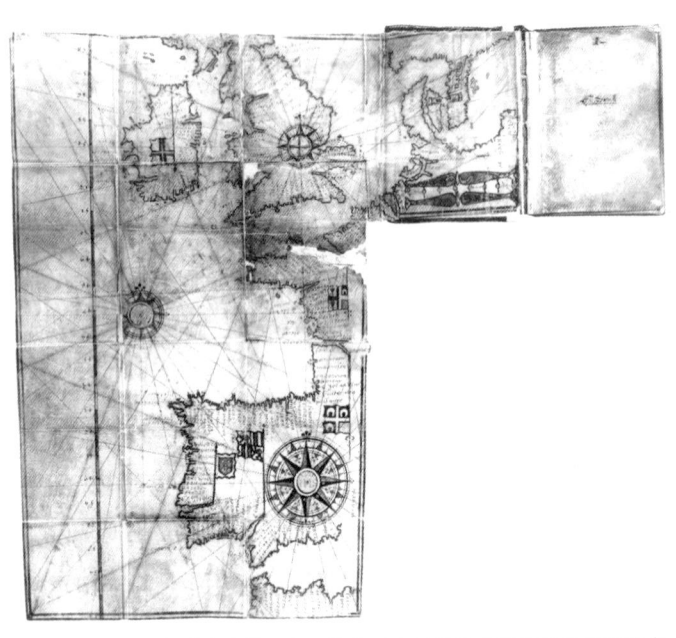

弗朗西斯·德雷克爵士的笔记本。这些日志记录了各种晦涩难懂的信息，包括天气情况和贸易路线等，称职的海盗都应该将其引为己用。

人——但通常会留有余地,私掠者能够留下一部分战利品。有些情况下,能保留多少战利品会写在他们的私掠许可证上,一般是总战利品的一定比例。战利品记录本由司务长保管,列出拿走了哪些物品。但是,海盗们(真正的海盗!)并不需要记录这些,船长会把战利品公平地分给船员。

最大的战利品就是你捕获的船只了——所以你该把它怎么办呢?最简单的方法是拿走船上所有有用之物,然后一把火烧掉它。但或许会有人想买这艘船。此外,原来的船主也可以交钱赎回船只,不过在你抢了他的船之后再和他谈判,可能会有些困难。当然,你也可以把船留着给自己用,把它纳入你的海盗舰队。如果这艘船是一艘特别好的船,你也可以将其作为你的旗舰。毫无疑问,我方的船只无疑在战斗中会受到损伤,因而需要修理。修船的动静很大,所以要把船驶入安全的港口,然后再开始工作。

最后,不管是你通过武力夺取了船只,还是对方不战而降,你都可能会捕获大量囚犯。你当然要赶在船员欢庆胜利之前尽快安置这些囚犯。要把他们关起来,戴上镣铐。这么做并不礼貌,但可以防止他们反抗 假如他们都起来反抗,你便会发现自己寡不敌众。曾有过英勇的水手挣脱镣铐,夺取海盗船的故事。不要让这种事情发生在你身上。

— 6 —

哈，陆地！
海盗袭击

陆地上的海盗

舰对舰的战斗不是海盗生活的全部，陆地才是能大发横财的地方。在海盗的黄金时代，西班牙用金银铸造钱币，这些钱币是最受我们欢迎的硬通货。银币（里亚尔）和金币（埃斯库多）有各种不同面额，最著名的"八里亚尔"是面额最大的银币，上面清楚地印有"8"字，重约一盎司[*]。你可能还听说过"达布隆"，这名称来自西班牙语"doblón"，意为"加倍"，这意味着一枚"达布隆"的面值是2埃斯库多。船只往来于西属美洲沿岸的贸易港口，所以如果你的船长认真地想要抢劫，并且之后有渠道出售战利品的话，他就会带领你们袭击沿岸城镇。

让·洛洛奈是17世纪名震加勒比的私掠者，他也是在陆上

---

[*] 1金衡盎司 = 31.1034768克。

劫掠最成功的海盗之一。而且他胆大到只带小股人马发动袭击。在他发动的这些小而快的袭击中，战利品最为丰富的一次，是对委内瑞拉的马拉开波城的袭击，他在那次袭击中收获了数以千计的西班牙银圆。关于他的野蛮行径有许多生动的传说（或许有所夸张）：他会慢慢凌迟受害者，或者用绳子挤压受害者的脖子，直到受害者的眼球突出——洛洛奈非常鼓励这类谣言，因为谣言能让他的名声更加可怕。但是讽刺的是，他最终被食人族捕获并吃掉了。或许最好不要太过残暴，以免招来报应。

与此相反，14世纪和15世纪，袭击中国和朝鲜城镇的倭寇规模巨大，而且如同高效的军队一般。一些汉奸成了倭寇的向导和情报员，想要同海盗一块分赃（他们中的一些人可能是为了免死而被迫从事这些工作，但是很多人都是自愿成为帮凶的）。很多时候，倭寇袭击的目的是捕获奴隶。被掳工匠通常会受到优待，还会领到工作报酬。倭寇这么做是为了让他们制造武器，好发起更多袭击。但根据倭寇的策略不同，俘虏也可能被迫做更可怕的事情。他们会被打扮成倭寇的模样，在倭寇袭击时打头阵，他们的舌头会被剪掉，这样他们就不会泄露秘密。结果，许多无辜的俘虏被杀，而真正的倭寇却得以逃脱。倭寇还会在进攻时逼迫妇女袭击中国军队或者把羊群赶在自己

一枚金达布隆——真正的海盗宝藏！

前面，以此作为掩护。另一种吸引火力的方式是让一两个倭寇实行自杀式袭击。

一般而言，来袭的倭寇会有一支由30艘船组成的舰队，这些船两两相隔100到200码。他们用海螺号进行交流，在危急关头能够互相帮助。船队航行时像一条蜿蜒的长蛇。队伍前后安排了特别凶猛的战士。对抗中国军队时，倭寇头目会挥舞扇子，他的部下则舞动长刀，以制造一种蝴蝶群舞的效果。正当中国军队焦急地观察之时，倭寇会突然气势汹汹地发起冲击，挥动长刀猛砍。倭寇尽管疯狂，但进攻依然颇有章法，他们会避开可能有人抛下落石的围墙，远离窄街和小巷以避免伏击，他们甚至会让俘虏尝食物和饮料来试毒。纵火烧城之前，倭寇会在自己的船上铺上湿被褥，以防失火。

日本人在战斗中同样善用谋略、奸诈狡猾。在1581年到1586年倭寇对菲律宾的西班牙殖民者发动的一系列凶狠突袭中，倭寇挥舞长刀，无畏地发起冲锋，令受害者闻风丧胆，屡屡败退；最终西班牙人意识到他们可以依靠堡垒的防护，用枪炮向如潮水般涌来的倭寇开火。倭寇用来对付西班牙长枪兵时会用另一种不怕死的战术。这种战术在欧洲和南美闻所未闻。被长枪刺伤的日本人会不顾伤口疼痛，抓住长枪将其砍断，甚至把长枪兵拖倒。日本人随后立刻出剑，解决对手。但是1581年，一名聪明的西班牙船长将长枪的上半部分涂上了油，使得长枪兵可以将长枪从日本海盗体内或者手上抽回，这一举动扭转了后来的战局。通过使用此类战术，以及成功运用了堡垒和炮兵火力的优势，倭寇的威胁得以控制。

如何成功地上岸劫掠

你上岸劫掠的队伍的装备与登船队的相差无几，也需要短刀、手枪和斧头。最大的不同之处在于，你还需要携带给养和水。除非你要攻破城墙或者城门，否则你的队伍应该不会将大炮拖到岸上，因为大炮会拖慢你的动作，暴露你的位置和行动；你可以选择步枪和手枪进行射击。

你首先要在海湾下锚，留一些守卫在船上，驾驶小船上岸，也许需要往上游划行很长一段距离——最佳攻击目标常常在内陆深处。你可能会全身湿透，但是弹药一定要保持干燥。一旦接近目标，你就可以把小船停在海岸或河岸边，不要忘记安排守卫看护船只以便撤退；尽管一些非常勇敢的海盗会烧毁小船，显示自己毫无撤退的意图。海盗掠夺队常常会躲在红树林中，等到黎明时分再发动攻击。如果此地有哨兵的话，夜袭是最好的选择。

然后就该像倭寇一样全体杀向你的目标了。如果目标港口的登陆地点比较理想，前进就会比较容易；否则，你可能需要走很

英国私掠者托马斯·卡文迪许在南美登陆时，遭到当地原住民的进攻——或许是因为这些私掠者大规模猎杀野生动物。

长一段距离，跨过河流，穿越丛林。城镇离海岸越远，你被发现的可能性越大。理想的情况是，袭击目标离登陆点不远。长途跋涉还会受到天气的影响，如果你突然遇到大雨，枪支可能会哑火，而城镇的驻军有地方避雨，仍能正常开火。同样，你的部队在长途跋涉中还可能会走散，所以应确保每个人都高举一面旗帜，好方便队友相互辨识；行军的士兵还可能在长途跋涉中开小差，自己开展一些小型掠夺行动，给队伍造成损害。对于这些掉队者绝对不能姑息。必须严惩不贷。

如果你在行进过程中暴露了自己，城镇守卫者会试图进行伏击——前提是他们胆子够大，愿意冒这样的风险。你要选择更加隐蔽的路线，避免遭到伏击。在这种情况下，当地向导能够发挥不小的作用，所以如果遇到敌方哨兵，不要简单将其杀掉——他可能会带来非常宝贵的情报。我这里有个故事，能够说明袭击被人提前察觉会带来多坏的影响。1623年前后，一伙爪哇海盗前去袭击阿瑜陀耶城，这里是暹罗的古都。暹罗国王释放了8名因参与暴动被捕的日本武士，承诺只要他们帮这个国家抵御海盗，就放他们自由。

这些日本人果断采取行动，提议让尽可能多的暹罗兵穿戴日本盔甲和头盔，这一场面肯定会吓到袭击者。他们找来了70件盔甲，还得到了8头战象。这8名日本武士率领着这支乔装打扮的部队，还另外带了500名暹罗士兵，并且在每头大象背上装了两门大炮。军队向海岸进发，他们一看到爪哇船只就开始了猛烈的炮击，要不是谨慎的爪哇海盗及时撤退，他们可能会迅速击沉整支舰队。

我不认为你会碰到骑着大象向你开炮的人，但是一定要留心，你在接近攻击目标的时候，最好派一支"敢死队"去侦查当地的防御情况，搞清其长处和短处。如果袭击城镇防御较弱，你可以放聪明些，直接端掉这个城镇；如果你们整晚都在行军，那最好等到黎明再发动袭击，因为你的船员可能需要休息。认真研究你需要攻克的堡垒。堡垒可能由沙袋堆成，也可能带有坚固的石墙，就像卡塔赫纳和巴拿马的堡垒。袭击过程中手榴弹非常有用，以及要确保火枪手瞄准每个炮手——大炮不会自己开火！突破敌方防线后，还会有巨大的危险。负隅顽抗的防守者会藏在每个角落里面伏击你，所以千万不要掉以轻心。一旦占领了居住地，你需要保障安全；不要任由手下疯狂地进行抢夺而忘记了这件事。在西班牙，最有效地保障城镇安全的地方是教堂——进驻教堂并且感谢上帝赐予你胜利是很不错的主意，因为西班牙人不太可能冒着损坏教堂的风险发动反击。安排哨兵在高楼上放哨，高楼上的视野开阔，可以观察到许多潜在的袭击者。在相对安全的情况下可以进行抢劫，但是如果抢劫是夺取城镇的唯一目标，最好在增援部队来临之前，尽可能快速地完成任务。

霍华德·派尔在《海盗之书》中描绘了陆地作战的海盗夺取城镇的情景。

著名的海盗袭击

你在计划实施海盗行动的时候,应该不停地寻找先例。让别人承担风险,然后学习他们或成功或失败的经历。以下是海盗史上一些最成功的陆上袭击。

1556 年,浙江

远东最著名的海盗袭击是由两名中国海盗——徐海和汪直发动的。1556 年春夏之交,他们对中国浙江省发动了大规模袭击。数千名倭寇从日本起航,在长江入海口登陆,其他倭寇威胁上海,但是这些行动只不过是迂回战术,以掩饰倭寇的真正目标——防御完备的城市桐乡。袭击的主力部队一上岸就毁坏了自己的船只,以示绝不撤退。

他们遭到了中国官员胡宗宪的反击,胡宗宪运用聪明才智抵抗对手的武力优势,他只用一艘装满毒酒的船只就挫败了一群侵略者。如他所料,倭寇饮酒作乐,造成了致命后果。而徐海的主力军兵临桐乡城下,用一系列尖端武器形成了包围之势:大炮、安装在船上的攻击塔和吊在移动架子上的巨型撞锤。但是新建的城墙抵挡住了海盗猛烈的攻击。倭寇决定断绝驻军粮食供给逼其投降,但是城内粮食准备充足,灰心丧气的海盗憋屈地等待了 5

个月之后，弃城而去。

桐乡的围困被解除，胡宗宪认为倭寇现在的主要问题是如何装载从别处缴获的战利品回到日本。因为一上岸就烧毁了船只，他们只能把战利品装到捕获的中国舰艇上，这些船只好似一条长长的鳄鱼，却极易受到攻击。胡宗宪向他们提出：愿意投降的海盗可以在中国军队工作，想回去的海盗也得到允许，可以获得舰艇回国。这是一场大胆的赌博。他知道倭寇头目在决定应该怎样做的过程中会发生分歧，并观察他们互相翻脸。倭寇指挥官背叛了昔日的领导，一场内战开始了。疲于长期劫掠活动的倭寇因为内战而势力大减，最终自行解体。

1671 年，巴拿马

亨利·摩根在 1671 年对西班牙在巴拿马的殖民地的袭击，是最为著名的海盗袭击之一。亨利·摩根在此前的 10 年内已经成功在这个地区发动了多次袭击，他这次决定开展一次更大规模的进攻。各海盗团体听闻名扬天下的摩根船长要再次驶向西属美洲后，有数以百计的海盗纷纷前往摩根在加勒比的据点（海地附近的一座孤岛），加入他的队伍，准备攻击。

摩根将目光对准了巴拿马城，这是一个大胆的决定，因为巴拿马城位于巴拿马地峡（加勒比海和太平洋中间一条细长的陆地）靠太平洋的一侧，私掠者须经由陆地才能到达这座城市。最

中国政府在南海打击海盗。

佳路线是先沿着查格雷斯河航行，然后穿越茂密的丛林，但是首先他们必须要解决河口处的圣洛伦索堡。兵贵神速，西班牙人已经注意到了有大量私掠者在加勒比海集结，他们会毫不犹豫地派遣援军前往可能受袭的区域。因此摩根手下的指挥官布拉德利上校迅速带着470名船员，乘3艘船赶往圣洛伦索堡。他的船不足以与堡垒的炮火正面对抗，所以他选择了在陆上进行突击，他于1671年1月6日向堡垒进发。尽管敌人炮火猛烈，他的人还是接近到了能把燃烧弹和手榴弹扔进堡内的距离——堡垒为木结构，屋顶是茅草的，很快就起火了。许多守军在夜色的掩护下逃出城外，私掠者在黎明时分再次发动进攻，杀死了剩下的守卫，拿下了堡垒。这是一次激烈的战斗，双方均损失惨重，包括布拉德利本人在内的约百名私掠者战死。亨利·摩根在几天后登陆，他的

俯瞰着查格雷斯河入海口的圣洛伦索堡，巴拿马。

数百名手下尽快修复了堡垒。300人留下驻守，主力乘着7艘小船和36艘小艇与划艇逆流而上，直到船无法继续前进为止，1月19日他们携带众多武器徒步进入了丛林。1671年1月28日，这些私掠者最终到达了巴拿马城的大门前。尽管两军人数上势均力敌，但是摩根的部队有着更精良的武器和更丰富的经验——守方仅有的优势在于他们的骑兵，他们准备放出牛群作为秘密武器。1月28日清晨摩根发动进攻，他占据了一座小山头，以此抵挡冲出来的西班牙骑兵，这些骑兵被法国神枪手们轻松解决。

西班牙步兵随后毫无组织地发起了冲锋，而摩根发起了有效的反击。毫无经验的西班牙人立刻陷入无序的撤退，牛群的计划也失败了。有500名西班牙人被杀，而私掠者仅仅损失了15人。海盗军追着败军进入了城市，城内一片混乱，因为败下阵来的西班牙人正在试图烧毁城镇。几艘西班牙船在烟雾的掩护下，载着

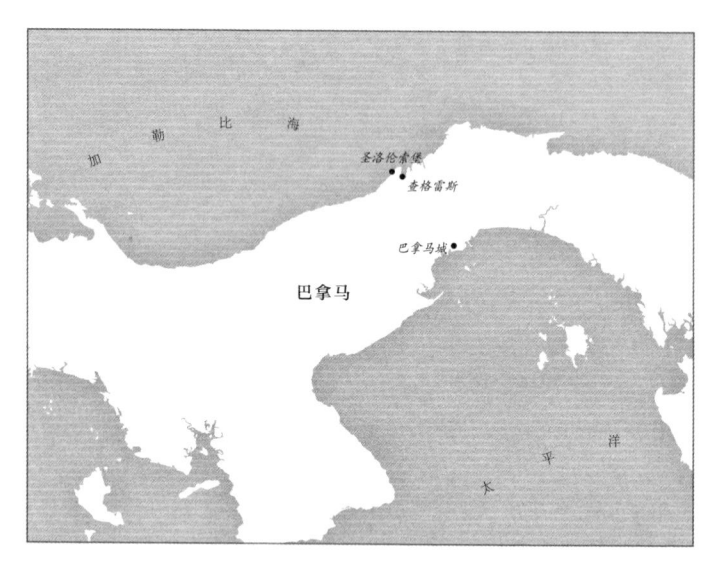

巴拿马地图，上面标注了摩根进军中的重要地点。

市里大部分财物成功逃离了。但是袭击并非毫无成果——在接下来的4周里，这些私掠者们在附近的山中和海湾里的小岛上仔细搜捕西班牙逃亡者，寻找他们藏起来的财宝。这次袭击收获了大量赃物，花了175头驴子才把这些宝藏运回大西洋海岸，他们还抓获了大量西班牙俘虏，以待收取赎金。

1683年，韦拉克鲁斯

1683年，新西班牙墨西哥的韦拉克鲁斯港遭遇了海盗袭击——事实上，亨利·摩根早在1671年袭击巴拿马之前就盯上

摩根船长的私掠团队在这次袭击过后,在巴拿马待了将近4周,四处搜寻财宝。

了这里。5月17日,在荷兰船长范·霍伦的带领下,一伙由1000名海盗组成的海盗团队,驾驶着5艘大船和8艘小船,到达韦拉克鲁斯海岸附近。他们让两艘被俘的西班牙船打头,好让市民相信他们是西班牙船队。他们派出了一支突袭队,第二天一大早,当大部分城镇民兵还在安睡之时,突袭部队就占领了城镇的防御工事,大部队进了城。海盗们洗劫了城镇,劫持了包括镇长在内的大批人质。但是第二天,因为一支西班牙舰队出现在了地平线上,他们只得撤退到附近的一个小岛上,带着人质好收取赎金。但他们并没有立即等来赎金,于是他们内部发生了一些争论,不知道下一步该怎么办。大多数海盗想要再给西班牙人一些时间,但是海盗头目非常不耐烦,就下令处死了一些囚徒,把他们的人头送到韦拉克鲁斯作为警告。即便如此,西班牙人依然不为所动。海盗团伙最终选择放弃,带着战利品继续航行,让幸存的人质听天由命。

正如你所见,岸上抢劫和在公海抢劫一样并不简单。岸上抢劫这种军事行动,只有在准备充分、资源充足的情况下,才能够获得成功。一小队海盗团伙发动的袭击很有可能犯下毁灭性的错误。亨利·摩根和倭寇首领能够指挥庞大的部队,但是大多数海盗船长没有这样的队伍。但这应该是你的志向所在;继续往下读,学习你应该如何加入最伟大的海盗船长的队列当中。

亨利·摩根船长1671年领导的洗劫巴拿马行动。

— 7 —
成功的海盗船长

朋友，不要对我这个章节的内容感到惊讶！我不认为接受过你这样训练的新兵，一辈子都只能当个船员。我认为你有成为船长的潜力。

海盗管理
优秀船长的人力资源管理手册

如果你被选为船长，那你最好制定一个海盗守则，来管理自己的船队。海盗守则能够清楚明了地规定你对船员的要求。"复仇者"号船长约翰·菲利普斯1724年规定了以下准则：

一、每个人都要遵守分赃标准；船长可以分到一份半，技师、木匠、水手长和炮手则分到一又四分之一份。（注意，你什么都没有！）

二、如果有人想要携带战利品私逃，或者是偷偷藏匿战利品，就会被扔到孤岛上，会给他留一小瓶火药、一瓶水、一把枪和一枚子弹。（当然不会有食物——或许那枚子弹会用在他自己身上？）

三、如果有人偷了船上其他人的东西，或是赌博，数额达到一枚八里亚尔银币，他就要被扔到孤岛上或者被射杀。（并不值得！）

四、如果我们遇到其他被流放孤岛的海盗，即使他不是我们的人，他也应该受到他的船长和队员认为他应得的惩罚。（这意味着海盗团结一致，服从自己的船长。不做逃兵！）

五、在本条款生效的情况下，殴打同伴的海盗将要光着背，被打39鞭。（这可是很疼的！）

六、枪支走火、在货仓里吸烟时烟斗不加盖、携带点燃的蜡烛没有套灯笼的海盗应受到与上条条款相同的惩罚。（你现在理解我对于船上火源可能会引发危险的警告了吧——这不是可以掉以轻心的事情。）

七、不保持武器清洁完好以应对交火或者擅离职守的海盗不予以分享战利品的权利，并且应受到海盗船长或船员认为适宜的惩罚。（如果你的手枪不保持清洁导致无法使用，那你在战场上对于同伴而言有什么作用呢？）

八、在交火中失去关节的海盗将获得400枚八里亚尔银币的补偿，失去整条肢体的海盗将获得800枚八里亚尔银币的补偿。（补偿听上去非常丰厚，但因为你的海盗生涯就此完蛋了，所以这并不多。）

九、在任何时候，在没有征得良家妇女同意的情况下与其发生关系的海盗应当立即被处死。（女人总是应当受到尊重的！）

你要按照这样的思路来制定自己的规矩，但是记住，除了制定守则，你还需要身体力行；为船员树立一个好榜样是非常重要的，尤其重要的是，不要让自己看上去非常虚伪，这会在船员当中滋生怨恨，甚至会导致哗变。黑巴特就是一个可以参照的好榜样。黑巴特总是衣着讲究，滴酒不沾，从不骂骂咧咧。

霍华德·派尔的完美海盗船长肖像。他背着一挺步枪，腰带上别着手枪，但最吓人的是他的威严气势。

惩罚和纪律

作为船长，你要领导的是一群经验丰富的海员。有些刚入行的旱鸭子会认为，当海盗就和当兵一样，只不过是在海上工作而已，我对持有这种想法的人只有鄙视之情。我可以告诉你，他们

船上的妇女

你会注意到海盗守则上专门反复提到船上的每一个"男人"——那女人呢？海盗船上的协定条款通常会严禁妇女上船，这些规定甚至会声称"女人体质虚弱、不负责任、容易情绪波动，她们还会打扰男人工作、召唤神秘的风、招致船难、为船只带来厄运"。但是根据历史记载，女人过去和现在都在海上当过海盗或者水手——尽管她们往往会掩饰自己的真实身份。想要成为海盗的女人需要适应海盗船上男人习以为常的行为方式（打架、漫骂、暴饮暴食）。伪装本身并不难；海盗总是留着长头发，把头发扎成马尾、涂上焦油，如果某个船员平常不用剃须，其他人只会认为他还处于青春期。水手穿的衬裙马裤和宽松的衬衣可以很容易地隐藏女人的身形。毕竟水手很少脱衣服；只有在疗伤的时候，医生才会坚持让他们脱衣服。以比利·比莱德尔为例，他是一位勇敢的水手，在海盗船上待了两年。有一次，他向一名船员发出挑战，看谁能够最先爬到桅杆顶端，结果在向上攀爬的过程中没有抓牢，掉下来摔在甲板上，当场毙命。大家在验尸的时候才发现，原来比利是个女人，名叫蕾切尔·扬。

这幅插画来自查尔斯·埃尔姆的《海盗自己的书》，展现了在一次混乱的海盗袭击中，海盗团伙中一名妇女的形象。

女性性格坚韧，因此她们能够收展风帆、操作水泵、划船，以及干船上其他一些重体力活；她们在陆地上要工作同样长的时间，干同样重的体力活。一名强壮且坚韧的女性不只是能胜任海盗的工作，她还会得到船员们的理解——记得安妮·邦尼、玛丽·里德、蕾切尔·沃尔吗？她们不用伪装，就在船上赢得了自己的一席之地。

在船上干不长。他们的船要么会搁浅,要么会撞上礁石。在这种情况下就要制定一些纪律——尽管海盗船上的纪律相对于商船或者战船上的纪律而言是比较松散的。

良好的纪律从船长开始,尽管一些船长将惩罚与纪律混淆,对于轻微违规行为施予不相匹配的重刑。如果能够在海盗守则中清楚地规定船员应遵守的准则,然后适当地施行这些准则,这样会好得多。司务长将代表你惩罚海盗们情节轻微的违规行为,例如相互争吵、虐待囚犯、没有保持武器清洁。最严重的罪行(包括谋杀同伴、在战场上抗命和弃船逃跑)将交由你来惩罚。司务长只会对抓获的逃兵立即枪决,其他情况会安排审判,被判有罪者将受到船员认为公平的任何判决。但是在你的海盗生涯期间,

一名套上镣铐的囚犯被政府烙上烙印。这种惩罚非常残酷,因为罪犯将永远带着犯罪的印记。

最想要看到的（我希望不是受到的）是哪一种惩罚呢？

"船底拖曳"是最残忍和酷虐的惩罚方式，受刑者基本难逃一死。受刑者要在淹得半死的状态下，被从船身附着的藤壶上拖过。

烙　刑

不仅是你，所有的海盗都要注意，不要受到这种严厉的惩罚。政府会采用这种惩罚方式，是因为用烧红的铁烙上烙印是识别海盗、防止其未来重新犯罪的最保险的方法。东印度公司在每个抓获的海盗额头上印上字母"P"。如果船长烙印一名船员，那这名船员一定严重违反了海盗准则，因为烙印会使这名船员身陷危险，无论他前往何处。

船底拖曳

船底拖曳是最痛苦、最严重的惩罚方式。潜水员先将一条绳子穿过船腹。穿好绳子后将重罪犯系在绳索一端，把他扔到海里。然后拉动绳索的另一端把他拖下水。如果你想要延长施刑时间，可以先把罪犯的手腕绑起来，然后把他吊在主桅帆架上，用绑有铅锤的线绑住他的双脚，然后将他四肢拉开，使其痛苦不堪。然后用油布蒙住罪犯的脸以防他呛死，把他扔到海里后拉扯绳索，拽着他蹭过船身，船身上面的藤壶会撕扯他的皮肤。这一过程一般重复三次，所以很少有人能够经受住这种折磨存活下来。更简单的方法则是直接把人拖在船后，将罪犯绑在一根绳索上，绳索另一端固定在船尾，船在航行过程中，这个人在水底下被拖着，在冰冷的水域中他会因低温和疲倦而死去，在温暖的水域中他则将成为鲨鱼的食物……

走跳板

我敢肯定你一定听过这种惩罚措施，尽管我想不到实例证明这种做法先前曾经存在过。传统上这种惩罚方式是针对被掳囚犯而不是犯罪船员的，所以我怀疑是某个狡猾的海盗想要让我们的名声更加骇人，自己捏造了这种惩罚手段。传言这种折磨囚犯的方式是让他走过悬空置于海面的木板，然后跳到海里，在这过程中用剑指着他逼他向前，直到他从木板边缘跳下去。你可以试一下——尝个鲜！

走跳板或许是所有海盗的惩罚手段中最为人熟知的,尽管在海盗黄金时代,这一做法很可能并不存在。尽管如此,霍华德·派尔仍在自己的书中对其进行了夸张的描述,不幸的受害者通常会被绑住双手、蒙住双眼。

罪犯可能身上会被涂上焦油并粘上羽毛，这种惩罚手段是为了羞辱人。

涂焦油粘羽毛

这种惩罚措施带来的更多是羞辱而非疼痛。让犯罪者在焦油中滚一遍，然后其他人向他扔羽毛，直到他看起来像一只超大的海鸥。荒谬可笑的样子会令他感到十分耻辱，他的队友也会不断嘲笑他，让他久久无法忘却这一痛苦的折磨。这种羞辱对于受罚者和见证者而言都形成了非常有效的震慑。

鞭　刑

最常见的惩罚海盗的方式是鞭刑，行刑时要用被称为"九尾

不管是船长还是政府官员,一旦发现某个海盗违反了自己制定的规矩,就会对其实施鞭刑。对于不幸被捕的海盗而言,鞭刑只是众多折磨的开始。

鞭"的特制鞭子。鞭子会分成散开的九股,每股都要打结,涂上焦油,为了使恐怖效果最大化,每股的末端还要系上钩子或者金属球。受刑者要先脱掉衬衫,再被绑到大炮上受 40 鞭。在鞭打过程中还可以进行"腌渍"——将盐水或者醋浇在伤口上面。英国皇家海军将领和司法部门也会使用这种惩罚方式。

放 逐

以上所有刑罚相对于最令人胆战心惊的惩罚"放逐"来说都

会黯然失色。这一刑罚只用来惩罚最恶劣的罪行——偷同伴的东西、临阵脱逃或者煽动哗变（失败）。将海盗变成"岛长"应该是最残忍的折磨了，我确信你一定听说过这种做法，这种惩罚措施和海盗这一形象一样有名。与经历"船底拖曳"的痛苦速死相比，放逐意味着漫长的死亡。正常情况下，囚犯或者哗变者会被独自留在无人居住的岛上死去，而这也可能发生在船员哗变的船长身上。爱德华·英格兰在船上遭遇了哗变，船员将他放逐在毛里求斯岛上面，留给他两个忠心耿耿的仆人。

想象一下眼睁睁地看着船开走是怎样一种滋味。放逐常常意味着死亡，船长们通常特地选择资源匮乏的海岛实行放逐，更有甚者，会选择数小时内就被潮水淹没的沙洲。约翰·菲利普斯船长的《海盗守则》上面规定，遭到放逐的人只有一瓶火药、一瓶水、一把手枪和一颗子弹。当然，手枪和那颗子弹是为了迫使放逐之人在绝望的环境下自杀用的。他可以去寻找食物，但是没有淡水该怎么办呢？最糟糕的是，即便遭遇放逐的海盗成功吸引了一艘过往船只的注意，他也无法获救，因为船上水手会认为他是违反了《海盗守则》的海盗，而不愿放他上船。

尽管如此，在少数情况下，遭到放逐的海盗能保住性命。你可能听说过一个叫亚历山大·塞尔扣克的水手，他被困在智利以西400英里的一座岛上。对他来说，幸运的是，岛上有丰富的野生动物，包括山羊，他以山羊肉为生，用山羊皮做衣服——事实上，他在岛上自给自足，所以人们发现他的时候，他有点不愿离开。

另一个叫菲利普·阿什顿的人就不一样了。菲利普·阿什顿是一名 19 岁的渔夫，来自马萨诸塞州的马布尔黑德，1722 年 6 月在新斯科舍的渔场被内德·洛率领的海盗团伙俘获。洛说服了其中一些渔民加入自己的海盗团队，但是阿什顿拒绝了他的请求。根据记载，他之后遭到了毒打和鞭刑，被套上镣铐并且多次受到死亡威胁。他被带往西印度群岛，在洪都拉斯海岸附近的罗阿坦岛上，他趁着喝水的机会从海盗守卫处逃脱。海盗船丢下了阿什顿，事实上他已处于被放逐状态，只不过是自愿的。幸运的是，岛上有足够的食物可以养活他——他主要靠螃蟹、鱼类和海鸟蛋为生。他在岛上待了 6 个月，直到达夫率领的来自塞勒姆的双桅帆船"钻石"号碰巧路过找水，他才获救。阿什顿于 1725 年 5 月平安到家。

亚历山大·塞尔扣克尽管被滞留在孤岛上，但岛上的生活十分令人满意。

内德·洛的船员正在射杀受伤的西班牙人；洛以凶狠残暴闻名，他的一些手下也是如此。

船长威廉·格里纳韦也有过类似的遭遇，在遭受船员哗变后，船长格里纳韦拒绝加入海盗团体，遭到了囚禁。一开始，海盗将他和其他7个人放逐到了巴哈马的一座无人岛上，没有留下食物、饮用水和衣服。但海盗好像受到了良心的谴责，于是返回无人岛，将受害者转移到他们所俘获的一艘距离海岸1英里的单桅帆船上——但是他们并没有过于内疚，这次也没留下任何食物。看起来没有希望了，但格里纳韦游到岸边，做了一只木筏，带着食物归来。海盗们再次回来了，却发现这些人已经修好了单桅帆船的船帆和索具，于是海盗弄沉了船，又把这些人送回了孤岛上。8天过后，海盗再次回到孤岛，强迫格里纳韦和其他两个人加入他们的队伍。海盗之后又回来两次；第一次来存储物资，第二次来烧毁余下的遭放逐的船员们搭建的庇护所。不久以后，西班牙人捉拿了这群海盗，他们听到有人被困后，立刻展开了救援。

◆
哗变——所有船长的噩梦

当然，在你施刑的时候，你一定要记住会有遭受哗变的风险，这是对船长最严厉的惩罚。船长的威严所受到的最大挑战来自船员的哗变，一些船员极度渴望推翻船长的统治，将船只占为己有。哗变是对信任的终极背叛，但是在弄清楚船员哗变理由之前，不要轻易评判船员——船长过于残暴或无能，船员受到虐待或者遭到不公正的待遇，在这些情况下，哗变是可以被原谅的。以内德·洛为例，内德·洛曾是波士顿的一名索具装配工人，后来成了海盗船长，他做事异常残暴，就连他自己的船员都将他称为疯子和畜生。他曾经在杀掉某个楠塔基特的捕鲸者前，逼着他

不满的水手正在内斗；对于船长而言，船上的分裂会造成严重后果。

就着盐吃掉自己被割下的耳朵。他在捕获西班牙盖伦帆船"蒙特科瓦"号后,亲手杀害了53名军官。他的船员最终发动了哗变,在不提供补给的情况下,把他送上了一艘独木舟,任其飘荡。故事结局很美满——两天以后,一艘路过的法国船救了内德,但是当他的身份被揭穿后,他被送上审判庭,然后被绞死。

一位海盗的垮台为另一位海盗提供了机会。"海盗之王"亨利·艾弗里在1694年成功发动了一次哗变,当上了海盗船长;他当时是"查尔斯"号的大副,趁着船长酒醉酣睡时取得了船的控制权。他们将船长扔到非洲海岸边,将船更名为"幻想"号,然后开始掠夺其他船只。

约翰·戈夫也通过一场血腥的哗变,于1724年11月3日当上了"乔治·加利"号的船长。7个人趁着随船医生、大副和牧师熟睡之际,割断了他们的喉咙。前船长奥利弗·弗雷诺从两名想要把他扔下船的哗变者手中逃脱,却被另一个割断了喉咙。哗变者开枪结果了他,把他的尸体抛到海里,把船重新命名为"复仇"号——一个恰如其分的名字。

威廉·弗莱在他长达一个月的海盗生涯中(这是海盗历史上最短的一段海盗经历),既发动过哗变也当了哗变的受害者。他曾经在一艘奴隶船上担任水手长,杀害船长后将船只重新命名为"法梅的复仇"号,成了海盗头子,在美国新英格兰海岸横行霸道。弗莱因其脾气火暴、凶狠残酷而闻名,他常常鞭打俘虏100多鞭——足以将人打死。他最终因为粗心大意而落得了一个悲惨的下场；在大多数忠诚的手下被派去袭击其他船只后，一群充满敌意的船员发动哗变，将其包围，弗莱最终被捕。弗莱被绞死在波士顿港；传言他指责绞刑吏手艺不精，于是自己把脖子上的套索修好了。

牢记我的忠告，不要重蹈覆辙。

艾弗里船长站在"幻想"号前面，这艘船是他通过发动哗变夺得的。

海盗天堂

除了在海上高效管理船员，你还需要找到安全的大本营，以及要有个地方可以用不义之财交换金银、佳肴和烈酒——或者其他任何你想要的东西！请记住，海盗船员如果找不到一处能够将不义之财脱手的安全避难所，那他们就会把掳获的船中所有不能吃的东西统统销毁——真是浪费。因此，海盗会联合起来，建立隐秘的港口进行交易。你可能会惊讶地发现,公开谴责你和你的同伙的那些商人和殖民者,也是这些港口的熟客。同海盗的交易利润丰厚,在独立战争之前的北美洲尤其如此,因为英国人对殖民地采取了贸易限制。当然,海盗们才不会管这些规定,因此商人不仅能免于交税,还能将他们的货物卖上更高的价钱。

不管你相不相信,政府的支持对于建立海盗天堂而言至关重要。别忘了海盗为政府提供了宝贵的服务:掠夺敌国的财物,保护远离本土、易受攻击的领地。第一座海盗城镇托尔图加(位于加勒比海的同名岛屿上)正是靠着法国政府的支持才得以兴盛——法国政府需要私掠者来保护这座小岛。17世纪初,这座遍布岩石的岛屿成了来自四面八方的冒险者、小偷、逃亡奴隶的大本营,他们以往来的西班牙宝藏船为目标。伟大的船长让·勒瓦瑟建造了一座城堡,帮助防御岛上港口。聚集在托尔图加的海盗自行组织了名为"海岸弟兄"的兄弟会,制定了他们自己的海盗守则,以便大规模开展别人所谓的犯罪行动。

与此类似,海盗黄金时代的牙买加金斯敦的皇家港曾经是最为臭名昭著的海盗天堂,牙买加当局为了抵御西班牙,宣布皇家港对海盗安全开放,自此皇家港蓬勃发展。皇家港很快就成了私掠者的主要基地。亨利·摩根在早年奇袭巴拿马城之前,曾经将皇家港作为袭击西班牙在加勒比海据点的军事基地。17世纪60年代,皇家港街道上开满了酒馆和妓院,专为那些在西班牙人身上大发横财的年轻私掠者们服务;某个挥金如土的海盗在一夜之

位于牙买加的金斯敦的皇家港一度是海盗的天堂。

间就将身上的巨款挥霍一空的事也并非闻所未闻。

或许你想做一番惊天动地的大事业,建立一个属于自己的海盗基地。你要吸引七海中最卑劣的匪徒。海盗基地将不适用海盗守则——你的船员在海上已经足够克制,现在是时候让他们放纵自我了!别花心思阻止他们随身携带武器了,那只会白费力气。你的经济指导原则应该是允许商品和服务自由交易,而不要问钱的来路。一个属于罪犯、匪徒和骗子的天堂,才是每一个真正的海盗梦寐以求的地方。他们可以安心躲在你的小飞地里,就算自己被人骗了、抢了,甚至被谋杀了,也没人会注意。

在建立你的庇护所时,寻找一个适合的位置至关重要。巴哈马新普罗维登斯岛上的拿骚提供了一个优秀的范本:该城坐落在欧洲和西印度群岛贸易路线的中心,附近曾有大量可供海盗掠夺

利比里亚：海盗的乐园

根据海盗传说，一伙敢为人先的海盗离开马达加斯加圣玛丽的海盗天堂，建立了一个名为"利比里亚"的乌托邦殖民地。海盗们在那里组建了一个民主政府，平等地分配所有财宝和牛羊。海盗代表团至少每年开一次会，讨论这个定居点中出现的各种问题，以维护和平；未经代表团的同意，不得采取任何行动。托马斯·图生于美国罗得岛，是一名著名的海盗船长。他受到有钱有势的赞助人的保护，在红海抢劫阿拉伯和印度的货物，最终被任命为利比里亚舰队上将，负责吸引更多的海盗加入这块飞地。他以其个人魅力而出名——纽约总督托马斯·弗莱彻曾说图是一位"非常和蔼可亲的人，擅讲精彩故事"，他因为对海盗过于友好而被革职。但在1695年6月，图在企图跳帮夺取一艘莫卧儿帝国的船时，被对方射杀。利比里亚的传奇也随之消逝。没人发现过利比里亚的遗迹，所以我认为这座自由之地，只存在于那些期盼未来更美好的海盗的想象中。

的船只，并且该城靠近北美殖民地，那里有广阔的市场，适合出售战利品。此外，巴哈马群岛众多的海湾提供了完美的藏身之所，安全的环境让海盗可以安心地清理和维修船只而不用担心遭受逮捕。众多的溶洞可以藏匿宝藏，更不用说这里还有充足的食物、淡水和可用于维修船只的木材。岛上的山丘俯瞰海港，在其上可以将数英里内的东西看得一清二楚，因此海盗可以在潜在目标或敌船靠近前就早早发现对方，获得充足时间计划袭击。这就是为什么人们常说，海盗睡觉时不会梦到天堂——他会梦到自己回到了新普罗维登斯。

所以你要仔细计划，占领你选中的城镇，这里一定会成为你的乐园！但我要给你一句忠告：乐园不会长久存在。以最热闹的海盗城镇皇家港为例：1687年，牙买加颁布了打击海盗的法律后，"绞刑架点"成了臭名昭著的行刑场，"卡利科·杰克"拉克姆和查尔斯·范内，以及无数无名小卒就丧命在那里。即便是新普罗维登斯也因为政府为镇压巴哈马海域海盗活动的行动而落寞；1718年，巴哈马肆虐的海盗活动对殖民地造成威胁，引起了巨大恐慌。罗杰斯总督赦免任何愿意投降的海盗，并在拿骚处决了一伙海盗。从那时起，令所有海盗恐惧的是，新普罗维登斯慢慢变成了加勒比海反海盗行动的总部——海盗天堂变成了海盗地狱。

— 8 —
海盗的晚年

你一定希望拥有依靠掠夺和抢劫而实现的长久而赚钱的职业生涯,但你必须为海盗的退休做好准备(前提是你没有丧命于绞刑架或其他海盗的短刀之下)。别害怕;依照我的经验,所有人都喜欢老海盗。事实上,自从我金盆洗手之后,我晚上去酒店都很少自己付账;总有人想听我的故事,观赏我的伤疤。你会同样满身伤痕却令人敬佩。如果你从来没有养过鹦鹉,退休时该买一只了。教会鹦鹉说"银币!",你就再也不需要付啤酒钱了。但首先,你得活得到晚年……

你的脑袋值多少钱

我很幸运,活过了海上的大风大浪;但是并不是每个人都有我这么好的运气。作为一个海盗,你不仅会被当局(地方守卫、税务官）追杀，那些想拿你的人头去领赏的赏金猎人也不会放过你。读一读1719年弗吉尼亚颁布的官方公告吧。

一经认定，杀死海盗的赏金猎人将得到以下奖励：

黑胡子本人 ················· £100
其他海盗头目 ················· £40
海盗副将、大副、水手长、技工、木匠等 ········ £20
所有小头目 ················· £15
普通海盗 ················· £10

你看，恶贯满盈的大海盗赏金最高，但普通海盗的人头也很值钱。所以最好时刻注意背后。学学英王的私掠者皮特·伊斯顿船长，受委托追捕他的人没一个成功，这令他声名鹊起。他在事业的巅峰期拥有一支庞大而强劲的舰队，其中有40艘船和1500多名船员，所以可以想见他是多么地引人注目。1610年，在加拿大纽芬兰，皮特赢得了最重大的胜利，他当时击败了理查德·惠特伯恩爵士的30艘船。伊斯顿俘获惠特伯恩后，想要让他接受海盗的信条，成为自己有力的合作伙伴。但是尽管惠特伯恩在船上享受了11天的奢华待遇，他依然不为所动，坚定地效忠于英国王室——不过他提议为伊斯特申请特赦，并且在被释放以后兑现了诺言。

政府最想捕获的海盗——黑胡子，死于罗伯特·梅纳德和他的船员手中。

海盗要受到的惩罚

你大概认为劫掠生涯的潜在收获，值得自己冒被捕的风险。或许放出大话前，你应该考虑一下，如果被捕会受到怎样的惩罚！当然，这并不是秘密，也不出人意料。海员和他们的家人非常清楚成为海盗会受到怎样的惩罚——对于海盗公并的审判和行刑确保了这一点。海盗审判经常出现在大小报纸上，在英格兰和英国殖民地到处都能看到绞刑犯的供词和判决报告。报纸出版商清楚在行刑过后的几天，报纸销量会激增。

让我们从最好的情况开始。1718年，作为根除海盗计划的一部分，英国政府实行了大赦，宣布只要海盗同意永久放弃自己的非法活动，就能得到赦免。一些非常自私的海盗利用这个机会，成了海盗猎人——完全背叛了海盗守则！但是并不是所有的海盗都这么容易忘本；黑胡子接受了豁免，但是同年又回归了海盗事业。也有一些海盗个人接受了赦免；获罪海盗可以悔改罪行，请求宽恕，甚至会寻找愿意帮助他们改过自新的怜悯之人，比如帮助皮特·伊斯顿的理查德·惠特伯恩——尽管伊斯特事实上放弃了自己获得的赦免，转而去柏柏里海岸劫掠。当然，那些已经被捕的海盗，会更加感激愿助他们获得赦免的好心人。1717年，黑萨姆·贝拉米的船员在波士顿接受审判，在他们监禁期间，一位名为科顿·马瑟的牧师经常看望他们，他甚至在审判时代表他们提出上诉。他在法庭上成功为"维达"号木匠托马斯·戴维斯辩护，称其是一名

关于审判威廉·基德船长的大幅海报。其上写明了他的罪名，你应该能想到自己上了法庭将面对什么待遇了！

1717年,"维达"号幸存的船员正接受审判,科顿·马瑟为他们代理辩护。

诚实的水手,只不过因为拥有专业木匠技能,被贝拉米的船员胁迫入伙。法庭接受了他的辩护,戴维斯被无罪释放。但并不是每一次辩护都这么顺利,尽管马瑟也为其他6名船员辩护,他们也真诚忏悔了,但这些人最终还是难逃被绞死的命运。你甚至可能没有接受审判的机会——被俘的贝拉米船员中有一位叫约翰·朱利安的米斯基托印第安人,他和许多其他被捕的黑人或美洲原住民海盗一样,直接被卖为奴隶。

当然,并非所有海盗都会对自己的罪行表示忏悔。1718年,托马斯·莫里斯在被绞死时,依然十分桀骜不驯,他说自己只希望之前能"为这些岛屿带去更深重的灾难"。1726年,科顿·马瑟试着劝说臭名昭著的海盗威廉·弗莱进行忏悔,却被他拒绝。弗莱站在绞刑架上,发表了一通大胆而死不悔改的声明:商船船长才是海盗活动的罪魁祸首,他们虐待诚实的海员,拒绝按时支付工资,因此迫使海员们沦为海盗。持有这种观点的并不止他一个;约翰逊船长曾经讲述过黑萨姆·贝拉米捕获由比尔船长率领的单桅帆船的故事,比尔认为自己是一艘私人所有的商船的船长,因此拒绝加入贝拉米团队。贝拉米认为这位船长只不过是一位伪君子,为剥削穷人的富人服务,和海盗没有任何不同,他嘲笑了比尔的傲慢:

> 懦弱的狗崽子们没有保护自己靠欺诈得来的财产;你们这群人都该死:他们这群奸诈狡猾的流氓该死,而你们这群胆小愚蠢的走狗也该死。他们这些恶棍只会诽谤我们,但他们和我们只有一点不同:他们的确在法律的庇护下剥削穷人,而我们靠着自己的勇气抢劫富人。

但是,如果你被捕且接受审判,这种自我辩护无法免你一死。大多数对海盗的审判只有一两天,而接受审判的因犯往往多达20人甚至30人。这很大程度上是因为基本没有什么辩护。正常情况下,犯罪嫌疑人要自行辩护,而大多数海盗没接受过什么教育,甚至根本没上过学,所以他们无法为自己很好地辩护。他们通常用下列几种方式回复法官的质询:一言不发,声称当时酒醉，或是宣称自己是被迫的——他们因自己的船被海盗俘获而被迫加入海盗团伙。

准备好你的辩护词：来自一位律师的建议

你大概请不到科顿·马瑟来为你辩护，所以我咨询了一位资深辩护律师，他曾经为我的前同事进行过辩护。他的大多数客户都认为他的建议非常有效，尽管他们最后还是被吊死了。他为你提供了以下陈述（或许对你有用）：

> 多年来，我曾代表许多海上绅士进行辩护，我非常感激我的某位朋友给我这次机会，让我将法律知识传递给新一代人。我首先必须指出，我所有的意见只适用于英格兰法律，并且尤其适用于英国政府委托的私掠者。代表英王行动的私掠者，一旦被法国或者西班牙政府抓捕，将得不到任何怜悯和赔偿，这种说法一点都不为过。对于这两国政府而言，他们永远是罪犯，注定要被绞死。
>
> 我所指的情况是，某位诚实的私掠者被政府逮捕，然后遭人冠以普通海盗的罪名。我对于客户的建议是进行两种形式的辩护：第一，声明自己是在私掠许可证保护下从事私掠

行动的（如有必要需要出示许可证）；第二，声明自己的所作所为都是出于对国王陛下的强烈爱国之情。第二种声明展示了私掠者动机的纯洁，足以使最冷酷的主审法官的坚硬之心变得柔软。

只有客户因为袭击英国船只而被捕才会出问题。大量判例显示，任何私掠许可证中最关键的词是"国王陛下的敌人"，而不是"国王陛下的朋友"。法国、西班牙、美国甚至是苏格兰（在某些情况下）的船只都是合法的袭击对象。而东印度公司的船只则不是。

要警惕——我听说公诉人听完被告对英王的忠诚和对英国的爱国主义热情过后，会先表面上假装接受，然后在首席法官跟前使用障眼法，诱使被告陷入一种虚假的安全感之中。如果公诉人非常激进，就会试图说服法庭，被告袭击船只不是为了弘扬自身承担的神圣职责，相反，他们接受私掠许可证、袭击船只是为了增加个人财富。

在我所参与的一场失败的辩护中，公诉人出示了被告的私掠许可证，并称被告的职责是"磨灭法国人的志气，摧毁法国商船队"。他然后问陪审团，被告在普利茅斯被捕之时，船上有30桶从北安普顿公爵的船上抢来的白兰地，从许可证或是法律精神来看，被告是否履行了他的职责。"北安普顿公爵是法国人吗？"在哄堂大笑声中他问道，"各位陪审团代表，如果他不是，我向你们建议，被告已经超越了私掠许可证所赋予的权利，他只是一个普通海盗，因此应该被绞死。"陪审团同意了他的意见，被告被判处死刑。被告提起上诉，称北安普顿公爵的祖先是在1066年诺曼征服时来到英国的，所以严格意义上说，他是一名法国人。上诉法庭的法官采纳了这一点，但随即进行了反驳，认为无论公爵的血统如何，他都不是英国的敌人，因此这超出了可接受的定义。

我对你的总体意见是：强调你接受委任的合法性，强调驱动你接受委任的强烈爱国之情。永远，永远不要袭击友方的船只，而且绝对不要给人留下你是为了钱才成为私掠者的印象。（简而言之，尽快学会巧妙地撒谎!）

我希望这位尊贵的朋友的意见能在你需要的时候帮助你辩护。如果你将要证明自己动机的纯洁性，记住你不是一个人。私掠者巴兹尔·林罗斯在日记中说自己掠夺船只就是为了个人利益。跨越过长期无果的旅途，经历了大大小小的磨难，巴兹尔的船员对微小的战利品感到非常失望，于是他们准备袭击巴拿马，巴兹尔在日记中写道："在这里，我们所寄予的抢夺巨额黄金作为战利品的期望完全落空，我们不想航行这么远，依然一无所获……于此，我们决定前往巴拿马，如果我们能够拿下那座城镇，就能够确保获得足够多的财宝，以满足我们对金银财宝的无限渴求。"我觉得林罗斯先生在法庭上应该撑不了多久。

获罪！

你已经被判有罪了。会怎么样？

多年来，英国海盗都在泰晤士河北岸的行刑码头被绞死，死刑犯要先游街，穿过伦敦大桥，经过伦敦塔，来到沃平的一个河曲。绞刑架就在河岸边，挨着低水位标志。行刑开始之前，人群会聚集在岸边，或者登上河边停泊的船——这样的盛况不容错过。尸体会被带走，埋在无名的墓地，或是送到手术室等待解剖，抑或是在河岸显著位置进行展示，以警告进出港口的所有船员——这一可怕景象昭示着从事海盗活动的命运。尸体的处理方式视海盗罪恶程度而定。为了确保尸体能够完好无损地长期保存，上面会涂上焦油，防止鸟类啄食尸体。尸体随后会被挂在绞刑架上——用特制的铁环和铁链固定住头、身体和腿。基德船长的尸体就这样在泰晤士下游的蒂尔伯里被吊了20多年。船只航行在通海直航道（绕过寂寞的蒂尔伯里的河流的广阔延伸部分）上，一个多小时都一直能够看到基德船长的尸首。在伦敦这类吊刑习以为常，1698年英国议会通过的海盗法案，允许海军上将在海上或者任何外国港口进行审判，这样罪犯就不需要被送回英国接受审判了。这一做法使得600名海盗被处以死刑，这一数量占到加勒比活跃海盗人数的近百分之十。

当然，死刑并不总是遵照计划进行；吸引围观群众的原因

1752年，詹姆斯·劳里船长在执行码头接受行刑。这是等待着许多海盗的命运，这些海盗的名字已经在历史中消失。

之一就是海盗行刑的戏剧性。1726年，在对约翰·戈夫处以绞刑的时候，绳子断了；戈夫自己站起来，随意地拍掉衣服上的灰尘，爬上楼梯再次接受绞刑。1727年，在牙买加金斯敦，当地一名备受欢迎的海盗被治安官判处死刑，同情他的群众推翻了治安官。暴徒自行解释法律，将这名海盗从绞刑架上解救了下来。黑胡子曾经威胁道，要是绞死贝拉米的手下，他就要将波士顿夷为

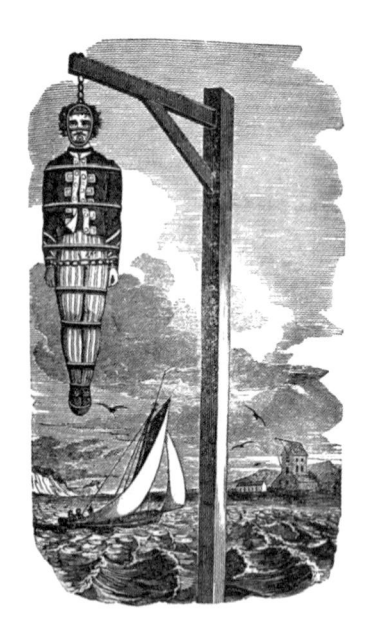

平地——尽管后来证明这只是空话。

威廉·基德船长的尸体，作为从事海盗行为后果的生动警示，在蒂尔伯里角吊挂了 20 年。

金盆洗手

你既不想上法庭，也不想上绞刑架？有个好消息！那些自愿放弃罪恶生涯的海盗中，有些人过上了满意的生活。英国人兰斯洛特·布莱克本就是最好的例子，据说他在年轻时加入了加勒比尼维斯岛的一伙私掠者，很可能是作为他们的牧师。尽管他曾经和这群毫不虔诚的人共事，回到英国后仍然一路做到了约克大主教。还有"红腿"格里夫斯，他是一名苏格兰私掠者，在 1675 年夺取了委内瑞拉海岸附近的玛格丽塔岛。他在这次劫掠中赚得了足够的财富，从此退出海盗活动，过上了平静的乡绅生活——一直持续到他被一名从前的受害者认出。格里夫斯被关在皇家港的地牢里等待死刑的到来，但在 1692 年，皇家港发生了大地震，格里夫斯作为少数幸存者之一逃出了这里。格里夫斯真正改过自新，转变为海盗猎人，为自己赢得了王家赦免。他在晚年甚至成了慈善家，向慈善机构和公共机构捐款——相比于他从前的职业，这实在是一种彻底的转变。

或许你更想要隐姓埋名，度过余生，不让你的新邻居知道你肮脏的过去。在这种情况下，你需要向迪克西·布尔学习。迪克西曾经是一名老实的猎人，常在缅因的佩诺布斯科特湾卖毛皮，在被法国私掠者洗劫后，他于1623年当了海盗——事实上，他被很多人视为美洲第一个海盗。他说服了一大帮渔民、商人和海员加入自己，袭击新英格兰海岸过往商船和贸易港口，也因此引起了政府的关注，政府派出了5艘船打击迪克西。1633年，布尔（明智地）离开了新英格兰地区，从此销声匿迹。有关他去向的谣言四起；有人声称他加入了法国人，而其他人猜测他已经回到了英格兰本土。按照一首流行诗歌的说法，迪克西在一次剑斗中丧生。我们可能永远不会知道他的真实命运——这无疑正是他想要的结果。

但是，放弃或者掩饰你过去的海盗生活无法确保你能够安度晚年。很多前海盗都死于先前感染的怪病，也有些人死于海盗生活方式带来的健康问题。自然死亡的海盗中最有名的或许是亨利·摩根爵士，他患上了水肿，这是一种奇怪且痛苦的病症，皮下有大量积液——根据他的医生说，这是过度饮酒、经常熬夜造成的结果。你看，就算是最有名的海盗，也可能因病去世，而不是死于枪下。

死在海上

下面是一些坏消息。尽管意识到绞死的危险非常重要，然而普通海盗很少会被处死而了结一生；更多海盗死于斗殴、疾病或者溺水——你最终最有可能死在海上。如果你死于战场上，又遇到不上心的同伴，他会把你的尸体扔到一边。其他情况下，同伴会在时间允许的情况下，为你举行一场简单的仪式——和其他水手一样，海盗为了防止尸体带来健康上的风险，不希望把尸体留在船上。此外，保存尸体需要用到酒精——为什么要把好东西用在死人身上呢？海盗为你举行过基本的葬礼过后，就会将你交给大海。一般来说，你的尸体会放在你的吊床上，两只脚上各放一个炮弹（传说这样做是为了防止过世的海盗跟随船只）。修帆工会给吊床缝上13针，最后一针穿过你的鼻子，这是为了确保你已经断气。或许一些同伴有过和你在一起的美好回忆，他们会为你祈祷，之后你的尸体会从木板上滑入海中。如果你有家人，船员可能会替你拍卖财产，将拍卖所得的部分钱款交给你的近亲。

死于海上的海盗传说会去一个叫"戴维·琼斯柜"的地方——即海底。1751年，苏格兰作家和诗人托拜厄斯·斯摩莱特写道："根据水手的叙述，戴维·琼斯还是所有深海恶灵的头目，并经常以各种形象出现，在飓风、船难和其他各种海上常见灾难到来之前栖息在索具上，警告那些忠于他的恶棍即将到来的死亡

一群海盗在将丧生海盗的尸体送到"戴维·琼斯柜"之前,为其举行简单的葬礼。

与灾难。"很多海盗的冒险生涯,都和前人一样,是以进入"戴维·琼斯柜"为终结的。

埋藏的宝藏——海盗的退休金

当然,你或许能够战胜逆境,避开这一切不幸的遭遇,如果真是如此,那就要恭喜你了!你现在可以回到岸上,享受来之不易的财富了。通过哗变当上船长的亨利·艾弗里,是红海上最令人畏惧、最成功的海盗，他一生当中抢劫船只的数量不多，但他俘获了印度洋上财宝最多的两艘船。其中一艘是印度宝藏船，船上的黄金和珠宝一直堆到船舷上沿，这些钱足够维持他的退休生活了——因而也吸引了很多寻宝者的目光。聪明的艾弗里死前一直向外界隐瞒自己的下落。理想情况下，你也会积累同样多的财富，只要你别一时冲动，把钱全部喝光或赌光——最重要的是，你要像艾弗里一样，防止其他邪恶的海盗靠近你或者你的宝物。

那要怎么做呢？你可能会觉得自己的船员不可信，船上也没有什么像样的藏匿之地。你可能听说过海盗埋藏财宝的故事。这当然可取，我知道一位名为杜雷恩的法国海盗，在他的船遭遇搜查之前，就把大部分宝藏分别藏在了岸上的几个地方。杜雷恩随后靠着这些财宝度过了很长一段悠闲的时光，但我认为杜雷恩先生事实上没把宝藏埋在地底下。基德船长传说在被捕之前埋藏了一些宝藏（这件事情带来了相反的效果，在审判期成了对基德不利的证据），事实上很多平民都将钱埋在自己的花园里面。如果你非要把你的财宝埋在地下，那就一定要记住埋财宝的位置，并确保没有其他人知道这个位置。你一定读到过海盗画好藏宝图，然后在藏宝位置上画上标记的故事。但这个主意真的好吗？

记住，藏宝的精髓是保密。黑胡子必定积累了大量财富，但是当人们搜查他过世的地方时，发现的不过是他藏匿的一些可可、糖、棉花和靛蓝。黄金去哪里了？一般人认为黄金在北卡罗来纳附近的一座小岛上。有人能找到黄金吗？传说，有人曾问黑胡子谁知道他的藏宝地。黑胡子回答说:"只有两个人知道宝藏藏在哪里:魔鬼和我,我们中活得最长的那个就能获得所有宝藏。"

派尔所绘,基德船长正监督着两名最值得信赖的船员藏宝。

— 9 —
结　语

　　朋友，你已经读完了这本海盗手册！书本学习已经没有更多可以教你的东西了。从现在开始，一旦你在海盗船上开始第一份工作，就必须从实践中进行学习。祝你好运！但首先给你一个最后的警告。

　　你现在一定了解，我们海盗并不受欢迎。我们的项上人头都受到悬赏，刽子手正等着被皇家海军抓回来的海盗，但是我们自己的队伍中也有危险——所有海盗都有竞争对手。我们筚路蓝缕,开辟了自己的活动领地,但是总有人想要将它们从我们身边夺走。我有很多好同伴就是被心怀嫉妒的对手谋杀的,所以随时小心你的背后,因为没有人知道杀人犯

编辑的话

这本海盗手册到此就结束了。它的作者自称为某位"海上绅士"。对于他的真实身份和针对他的谋杀事件想来猜测不断。尽管没有确凿证据能说明这名"绅士"是谁，然而本书包含了一些诱人的线索。作者多次以非常熟悉的口吻提到巴塞洛缪·罗伯茨，甚至声称他的父亲就认识罗伯茨。他似乎对新英格兰和卡罗来纳的海岸线尤其熟悉，可能自己就有过横跨大西洋的旅行，因此和美洲大陆联系颇深，尽管他显然绝对忠实于英王。他提到过美国独立战争和1792年约翰·保罗·琼斯之死，作者就是在这之后不久去世的。最令人赞叹不绝的是他对于全球海盗活动史的深厚知识储备。单单这一点就可以说明他受过良好的教育，并且博览群书。他提到约翰逊船长著名的《最臭名昭著的海盗的抢劫和谋杀通史》，这本书最初在1724年出版，但是他的学识显然远在这本畅销书之上，而他广博的知识中最令人印象深刻的是关于中日海盗方面的知识。我们对中国已很了解了，但18世纪的日本是个比较封闭的国家,因此作者唯一的信息源只可能是长崎出岛上的荷兰贸易站。这个交易站是荷兰和日本间的信息渠道,作者显然获得了从那里传回欧洲的信息。编者给他的叙述提供了一些插图,来展现他可能去过的地方,他可能看到过的景象,以及他可能接触过的一些恶棍。

手稿的完成时间不存在疑问:导言中说明了作者是在1793年开始写作的,而法庭记录显示他在1794年10月的某天遇害。但是我们不知道他的名字,所以他的身份将永远是个谜——我们同样不知道是谁在作者为这本好书写下结语时将他谋杀的。我们所能确定的是,这场谋杀发生在英格兰查塔姆的一所出租房内,房子在谋杀发生后不久就被烧掉了。因为受害者是海员,所以调查由海军部发起,简报被保存在国家档案馆(《1794年国家档案年鉴:海军部委员会调查有关查塔姆最近发生的最严重的谋杀案的报告》)。这份报告非常正式并且十分枯燥,但是下面这段房东在法庭提供的证词非常有趣:

> 他是一位非常内向的绅士,生活在自己的世界里。他很少讲话,而且口音非常特别,可能是个美国人。他总是按时用西班牙达布隆支付租金,我对此没有什么意见。他大部分时间都待在房间里面写作,常常让我把饭送到房间里面。他不写作的时候,你总能从假腿移动的声音判断出来他在房间里面走动。他一个访客都没有,唯一的朋友可能是只鹦鹉。

案发当晚，我在睡觉，什么也没听到，所以我推测凶手是通过窗户进入房间的，当我第二天把他的早餐送上去的时候，窗户还是开着的，我发现他的尸体倒在墨迹未干的书上面。房间里的东西都没有被动过，除了他的水手储物箱。箱子被撬开了，显然谋杀犯从里面拿出了一只小木盒，小木盒被弃置在地板上。我以前从没有见过这只木盒。木盒是空的，盒盖上写着"藏宝图"。谋杀犯一定偷走了地图。

海军部调查委员会中某个不知名的人提交了一份关于谋杀的报告，案子就此了结。这本手册沾有血污的手稿在1797年由海军部呈给大英博物馆的图书馆，至今还属于大英图书馆手稿集的一部分。1811年，本书以八开本出版，但这个版本现在只有3本还遗留于世。本书内容就基于由剑桥大学图书馆收藏的那一本。

1830年6月，《泰晤士报》的一篇文章提到，这个故事有一个奇特的结尾。这篇文章名为"1794年查塔姆谋杀案——旧案调查"，这位匿名作者提醒我们注意从堂区登记簿中提取的某些证据。据他的调查，谋杀案发生的出租房的确在案发不久后被一场神秘大火烧毁了，房主的名字后来出现在另一个堂区的登记簿上，他在苏塞克斯有了一所富丽堂皇的房子，并且他在那里还拥有大片地产。文章没有提及失踪的藏宝图和鹦鹉。

时间轴

公元前 700 年	新亚述帝国的统治者辛那赫里布打击波斯湾的海盗。
公元前 330 年	亚历山大大帝发起了将海盗赶出地中海的行动。
公元前 67 年	海盗袭击了罗马向希腊的基克拉泽斯群岛上的提洛城运送补给的船队。
公元 310 年	波斯王沙普尔二世在波斯湾打击海盗。
1243 年	英格兰国王亨利三世向亚当·罗伯诺特和纪尧姆·勒绍瓦热签发了第一份官方私掠许可证。
1492 年	克里斯托弗·哥伦布在北美登陆,标志着西班牙掠夺新世界的开端。
1518 年	阿鲁杰·巴巴罗萨死于战场。
1529 年	海雷丁·巴巴罗萨继承了哥哥的事业,夺取

	了阿尔及尔,消灭了西班牙在柏柏里海岸的势力。
1535 年	柏柏里海盗对梅诺卡岛的马翁港发动了传奇的袭击。
1546 年	阿鲁杰·巴巴罗萨在自己于君士坦丁堡(现在的伊斯坦布尔)的海景宅邸中安静过世。
1556 年	中国海盗徐海和汪直带领倭寇在中国浙江省进行掠夺。
1580 年	弗朗西斯·德雷克爵士重返英格兰,完成了为期 3 年的环球航行。
1581 年至 1586 年	倭寇袭击西班牙在菲律宾的殖民地。
1600 年	加勒比的海盗天堂托尔图加建立。
1604 年	村上武吉逝世。
1610 年	英国私掠者皮特·伊斯顿在加拿大纽芬兰击败了一支由 30 艘船组成的舰队。
1623 年	爪哇海盗袭击了暹罗首都阿瑜陀耶,但因为遭到带有配备了大炮的象兵的日本海盗的猛烈抵抗,而被迫撤退。
	神秘消失 10 年后,迪克西·布尔重返海盗事业。
1650 年	海盗黄金时代开始。
1655 年	英国殖民者雇佣的私掠者将西班牙人逐出牙

买加。

1660 年	牙买加皇家港的全盛期。
1662 年	郑成功收复台湾,不久后患疟疾去世。
1671 年	亨利·摩根船长发动洗劫巴拿马的行动。
	斯捷潘·拉辛在莫斯科被处死。
1672 年	亨利·摩根被英国当局逮捕。
1675 年	苏格兰冒险者"红腿"格里夫斯占领委内瑞拉海岸附近的玛格丽塔岛。
1683 年	荷兰船长范·霍伦带领 1000 人发动了对墨西哥韦拉克鲁斯港的突袭。
1692 年	牙买加皇家港发生地震,被关押的"红腿"格里夫斯获得自由。
1693 年	英国私掠者用火船攻击圣马洛岛法国基地,遭到失败。
1694 年	英国人亨利·艾弗里在"查尔斯"号上发动哗变,当上了海盗船长
1695 年	传说建立了利比里亚海盗基地的托马斯·图船长在袭击印度船时被杀。
1696 年	苏格兰人威廉·基德称霸西非海域。
1698 年	英国议会通过《海盗法案》,允许在外国港口起诉和审判水手。
1701 年	威廉·基德被绞死并示众。

1711 年	法国海盗勒内·迪盖-特鲁安占领里约热内卢。
1713 年	本杰明·侯格德在新普罗维登斯建立海盗基地。
1715 年	西班牙王位继承战争结束后英国海军遣散了数以千计的水手。
1717 年	黑萨姆·贝拉米船长在加勒比捕获"维达·加里"号,将其简称为"维达"号。
1718 年	黑胡子封锁查尔斯顿港,被皇家海军上尉罗伯特·梅纳德追击并击毙。
	海盗天堂新普罗维登斯被关闭。
	英国政府宣布海盗特赦令。斯特德·邦内特和船员在北美查尔斯顿港被吊死。
1720 年	"卡利科·杰克"拉克姆被绞死,但是他的女同伙安妮·邦尼和玛丽·里德幸免于难。
1722 年	巴塞洛缪·罗伯茨("黑巴特")死于战场。
1721 年	爱德华·洛发动哗变,成为海盗。
1724 年	内德·洛遭到船员哗变和放逐;他被法国船只"救援",但法国政府发现他的真实身份后,就将他吊死了。
	约翰逊船长的《最臭名昭著的海盗的抢劫和谋杀通史》出版

	约翰·戈夫在"乔治·加利"号上发动一场血腥的哗变后成为海盗船长。
1730 年	海盗黄金时代结束。
1736 年	英国议会颁布《走私者赦免法案》。
1776 年	约翰·保罗·琼斯指挥"普罗维登斯"号。
1779 年	"美国海军之父"约翰·保罗·琼斯在弗兰伯勒角海战中俘获英国的"塞拉皮斯"号。
1789 年	美国海盗蕾切尔·沃尔被判处死刑,成为最后一个被绞死在巴萨诸塞的妇女。
1793 年	《海盗——非官方修炼手册》成书（不知名作者逝世）

推荐阅读

想要获取有关史上海盗的可靠插图资料可以参考安格斯·科斯姆的《海盗：黄金时代》（鱼鹰战士，2011），该书以文字和生动照片的形式，讲述现实生活中海盗的行为和外貌，是了解海盗的优秀初级读物。同一作者的《海盗船1660—1730》（鱼鹰新先锋，2003），详细介绍了海盗使用船只的种类，而雷诺·沙特朗《西属美洲1492—1800》（鱼鹰要塞，2006）详细介绍了海盗活跃地区沿岸的堡垒和城堡。

皮特·厄尔的《海盗战争》（梅休因，2004）是一本从法律与秩序的角度洞察现实中海盗活动的好书，书中描绘了各国海军如何将海盗从海上驱逐出去。

罗伯特·E.李的《黑胡子和海盗：重新评价黑胡子的生活与时代》（布莱尔，1974）对此话题进行了较好的叙述，牢牢扎根于历史研究。本森·利特尔的《海上漂流者实践：海盗策略和技巧，1630—1730》（波托马克图书，2007）从当代叙述中搜集信息，高度详尽叙述了这一话题，是不可多得的好书。如果你想要了解更多海盗实践方面的内容，这可能是最好的选择。

约翰逊船长的《最臭名昭著的海盗的抢劫和谋杀通史》，是很多海盗传记的首要资料来源，也很容易在多种不同载体上获取。

出版后记

海盗是伴随着人类对海洋的开拓而出现的一种历史现象。时至今日，海盗已经成了流行文化中广受欢迎的一种元素，象征着自由不羁、大胆无畏。他们的身影遍布电影、游戏、漫画、小说……人们羡慕向往的不是历史上海盗烧杀抢掠的行径，而是他们在想象中代表的那一种无拘无束的自由生活，和他们开拓进取的无畏精神。

本书同样采取了这样一种浪漫化的叙事方式，讲述的却是历史上真实存在的那些海盗的日常生活。作者以一位18世纪神秘海盗的口吻，风趣幽默地描写了海盗们的航海生活与战斗方式，复现了那些著名海盗的职业生涯。在本书中，我们将读到海盗们如何操纵和维护船只、怎样发动袭击和逃避追捕、在船上要面对哪些危机、身为海盗要遵守的规则和可能遭受的刑罚、想要金盆洗手的海盗应如何全身而退……总之，本书堪称是一本海盗的百科全书。

应当强调的是，尽管本书出于忠于历史的目的，并未回避海盗们的劫掠活动和暴力行径，但这并不代表我们认可这样的行为和价值观。曾经真实存在的海盗活动有其特定的历史背景，我们今天的读者（尤其是青少年读者）应对此有正确认识，切勿效仿。

当然，由于本书涉及内容的时间跨度长达数千年，地理范围囊括了除大洋洲和南极洲外的各大洲，作者多多少少会有一些疏漏和不足之处。由于编辑水平有限，书中难免存在一些错误，望广大读者不吝批评指正。

图书在版编目(CIP)数据

海盗/(英)斯蒂芬·特恩布尔著;单婵译.—广州:广东旅游出版社,2021.12
书名原文:Pirate: The Buccaneer's (Unofficial) Manual
ISBN 978-7-5570-2595-3

Ⅰ.①海… Ⅱ.①斯…②单… Ⅲ.①海盗—历史—世界—通俗读物 Ⅳ.① D59-49

中国版本图书馆 CIP 数据核字 (2021) 第 182943 号

Published by arrangement with Thames & Hudson Ltd, London
Pirate: The Buccaneer's (Unofficial) Manual © 2018 Thames & Hudson Ltd
Text © 2018 Stephen Turnbull
This edition first published in China in 2021 by Ginkgo (Beijing) Book Co., Ltd Beijing
Chinese edition © 2021 Ginkgo (Beijing) Book Co., Ltd

本书简体中文版权归属于银杏树下(北京)图书有限责任公司。
图字:19-2021-234 号
审图号:GS(2021)5588 号

出 版 人:刘志松	选题策划:后浪出版公司
著 者:[英]斯蒂芬·特恩布尔	译 者:单 婵
出版统筹:吴兴元	责任编辑:方银萍
编辑统筹:方 宇 张 鹏	特约编辑:袁 震
责任校对:李瑞苑	责任技编:冼志良
装帧设计:墨白空间·李国圣	营销推广:ONEBOOK

海盗
HAIDAO

广东旅游出版社出版发行
(广州市荔湾区沙面北街71号)
邮编:510000

印刷:天津创先河普业印刷有限公司	开本:787毫米×1092毫米 32开
字数:138千字	印张:7
版次:2021年12月第1版第1次印刷	定价:52.00元

后浪出版公司 版权所有,侵权必究
投诉邮箱: copyright@hinabook.com fawu@hinabook.com
未经许可,不得以任何方式复制或抄袭本书部分或全部内容
本书若有印、装质量问题,请与本公司联系调换。电话:010-64072833

后浪微信 | hinabook

筹划出版 | 银杏树下
出版统筹 | 吴兴元 | 编辑统筹 | 方　宇　张　鹏
责任编辑 | 方银萍 | 特约编辑 | 袁　震
装帧制造 | 墨白空间·李国圣 | mobai@hinabook.com
后浪微博 | @后浪图书
读者服务 | reader@hinabook.com 188-1142-1266
投稿服务 | onebook@hinabook.com 133-6631-2326
直销服务 | buy@hinabook.com 133-6657-3072

后浪出版咨询(北京)有限责任公司
POST WAVE PUBLISHING CONSULTING (BEIJING) CO.,LTD